AQUARIUS

AQUARIUS

AQUARIUS

AQUARIUS

Vision

一些人物，

一些視野，

一些觀點，

與一個全新的遠景！

拋棄母親

母を捨てる

菅野久美子

劉雨桐／譯

各界推薦

讓我們誠實地面對這個事實吧！世上絕對有不是的父母，而且還不少。讓我們殘酷地承認吧！你愛你的母親，遠遠多於你的母親對你的愛。當窮盡一生在討好無論肉體還是心靈上都不斷傷害你的母親之後，殘破不堪的你，能如何走完你的人生？這本書勇敢地打破親情掛帥的社會倫理常規，解救了許多不曾被好好愛過的女孩。

——**李佳燕**（家庭醫師）

來自母親的詛咒無所不在，但仍不放棄在黑暗中尋求溫柔的救贖。我們的人生就是如此。

——**陳潔晧**（作家）

親子關係是夫妻關係的延伸，每個兒虐問題的背後都有兩個受傷的大人，書中的故事再次證明了這一點。追求和解永遠是心理學家努力鼓吹的目標，但「拋棄父母」或許終將成為某些心碎孩子的選項。

——**鐘穎**（心理學作家，「愛智者書窩」版主）

【推薦序】

如果拋棄父母是最後手段，我願意站在你這邊

◎吳曉樂（作家）

十幾年來，諮商心理、個人的散文書寫，我們再也無法迴避，東亞社會根深柢固對「孝順」的追求，讓許多人痛苦不堪。人們也漸漸接受了一個我們曾怯於承認的事實：「有些時候，傷害小孩就是目的，不是手段」。不是每一次打在兒身，都必然痛在娘心。有不少朋友、讀者向我傾訴，他們相信父母在虐待他們的過程得到了滿足。

這也是這本《拋棄母親》作者菅野久美子的述事基調，她知道母親對她的虐待

背後有盤根錯節的結構因素，縱然如此，母親也不應挑選了最虛弱的對象來宣洩——身為女兒的她。前面幾章實在怵目驚心，菅野描述母親如何以毛毯蒙著四歲的自己、再伸手掐住脖子。毛毯吸收了她的求救聲，也避免母親指頭在她脖子留下虐待的證據。看似幸福的家庭，日日上演這樣恐怖的暴力。菅野只能不停地求饒、道歉，自己不是故意要被生出來，成為母親累贅。

我也注意到菅野有時刻意使用「成年人」來取代「母親」。暫時抽離親子身分，兒虐無非成年人對兒童施展的暴力，成年人的臂力跟經驗都比兒童高出好幾個量級，可以輕易造成重創。多年的虐待給菅野留下許多後遺症，她始終質疑自己活著的資格、極度渴望有人看她一眼，如此卑微以至於悲哀的個性，讓她在校園時時被孤立。虐待是瞄準一個人的生命扔下核彈，即使倖存，仍得用一生去處理殘留的輻射，就像網路流傳的那句話，「打罵孩子，他不會停止愛你，只會停止愛自己」，即使母親這樣傷害自己，菅野仍憧憬著母愛，想討母親的歡心，弟弟出生後，她更是把虐待昇華為獨占母親的時光。菅野的坦白讓我心痛：「如今我還是這樣，分不清痛與愛」。

菅野反覆強調，她跟媽媽的感覺是「一體」的，無獨有偶，近幾年引進台灣的《母愛的枷鎖，女兒的牢籠》（齊藤彩著）、《我很高興我媽死了》（珍妮特·麥考迪著），也有近乎一致的描述：媽媽的快樂等同女兒的快樂。女兒沒有空間發展出獨立於母親的感受。借用心理學用語，這些女兒都沒有完成分離個體化（separation-individuation），他們沒有在「心理」上把自己給生出來，被迫跟母親「共生」。我們作為形塑情境的一員，是否直接、間接，讓一個孩子覺得他必須要為成年人的感受跟情緒負責？在這些狀況裡，爸爸上哪兒去了？為什麼爸爸們得以這般心安理得地置身事外？

我也欣賞菅野以一定的篇幅數落父親的罪狀，忽略也是虐待。

同為教育虐待的受害者，《母愛的枷鎖，女兒的牢籠》裡對話的主角高崎明理，就犯下了震驚社會的弒母案，菅野沒有迴避自己的罪行，她很早就嘗試把自己承受的暴力，轉化成比自己更弱小之人的暴力，等到自己也逐漸有了趨近成年人的臂力、經驗，菅野動過以眼還眼的心思。是什麼阻止了菅野繼續凝視深淵？答案出人意料，書，因為知識，恨意抵達了之前從未想過的方向：每個人都難以掙脫結構所帶來的重擔。魔王般的母親，也有忍氣吞聲、束手就擒的日子。處在結構底層的孩子，成了替罪羔羊。

看見不等同諒解，釐清了為什麼自己受苦，不代表審判就此畫上尾聲。回到書名《拋棄母親》，菅野提出了一個簇新的觀點，就像與不合的朋友斷絕聯繫，人們應該要有權利拋棄自己的父母？這並非沒有前例。以《活了100萬次的貓》蜚聲國際的佐野洋子，在《靜子》一書中，寫下憎恨母親的自己，寧願花大錢拋棄她，也不願共同生活。對於受虐的子女而言，支付金錢給父母是一回事，更不堪忍受的是情感的持續流失，老邁的父母早已失權失勢，甚至會反過來諂媚子女。菅野的形容很傳神，有些父母就像「自由變換型態的魔物」，子女年幼時，動輒拳打腳踢、出言羞辱，等子女長大，為了換取無怨無悔的照顧而換上可憐兮兮的樣子。孩子無論如何都是調整跟適應的一方。如果可以委任他人處理照顧跟後事。不曉得台灣的社會，看得見這樣的未來嗎？

韓劇《少年法庭》有一段是「遭受家庭暴力的孩子們，受害之後就不會再長大了，即使過了十年、二十年，那也只是時間流逝而已，而他們會被獨自拘禁在過去的日子裡」，如今已四十歲的作者，坐在浴缸裡仍會感到恐懼，埋進被窩裡也會想起險些窒息的回憶。菅野並未承諾，拋棄父母的人會立刻得到煥然一新的生活，相反地，有秩序等待被建立，有空缺等待被填補，有太多的個性等待被認領。無論如何，終究是跨出第一步了。過去這幾年，有不少朋友、讀者向我訴說，自從跟父母斷絕來往之後，身體跟內心慢慢地好轉起來，像是重拾感官一樣，品嘗得出生活各種微小巧妙的滋味。

借用菅野的話，如果拋棄父母是最後手段，我願意站在你這邊。

●

備註：作者談到SM時，使用了扭曲、畸形等形容詞，但我的解讀是，她想表達個人的性癖受到兒時經驗影響而有所偏移。目前精神學界主流皆承認，在「相互知情同意」以及「規則的使用、遵守」等前提下，SM可歸類在正常的愉虐。作為小小的提醒。

前言

三十八歲時，我決定拋棄母親。在這本書中，你將看到一個於虐待中倖存的人窮盡一生拋棄母親的故事。

今天是一年一度的母親節，我在這天寫下這篇前言。「又到了這個時節。」我心想。商場的花店和生活百貨隨處可見紅粉色調的華美裝飾，滿眼都是「感謝母親」、「母親節快樂」等標語。每年到了這個時候，看到街道被鮮豔的康乃馨點綴一新，我心裡的舊傷總是隱隱作痛。到處都是心形的氣球、美麗的花環。收銀台前，人們拿著康乃馨花束排起長隊，店員們忙得不可開交，好一派熱鬧的景象。

我忍耐著心頭的灼痛，匆匆越過排隊的人群。當「母親」這兩個字如同洪水般向我湧來，我感覺到一陣眩暈。今後，我永遠都不會出現在這樣的隊伍中。

因為我已經「拋棄」了母親。

我聽到心裡住著的另一個我正在痛罵自己不孝。自我厭惡感彷彿要把我撕扯成兩半。無論是否情願，我都必須在這個時節面對內心的矛盾與掙扎。

仔細想來，我和母親之間真的有很多回憶。我恨她，恨到想殺了她。但同時，我也愛著她。曾經，我們母女同心，甘苦與共，她是我最愛的人。

我曾以為我們就像層層疊疊的年輪蛋糕，難分彼此，永遠不可能分離。

但是，母親帶給我的傷害太重了。她以各種形式虐待我——肉體虐待、精神虐待、故意忽視等。我多次從母親致命的虐待中僥倖逃生，也多次想殺了母親。蟄居在家的日子裡，我對母親實施過家暴。我掐住她的脖子，場面千鈞一髮。

因此，當我看到殺害父母、子女的新聞時，總是心驚肉跳地聯想到自己。如果過去的人生中我踏錯了一步，恐怕現在已經成了加害者。母親造成的傷害如今還在侵蝕我的靈魂，讓我無法在社會中正常地生活。

一直以來，我都在小心地觀察母親的臉色。因此，我的自我認同感非常低，在學校裡屢次遭遇嚴重的霸凌，曾有一段時間無法上學，只能在家閉門不出。我非常討厭自己，難抑自殘的欲望，甚至有幾次自殺未遂的經歷。

經歷了種種坎坷，我意外成了一名關注「孤獨死」的紀實作家。在孤獨死去的人們家中，我常常能感受到和我一樣被父母折磨的人艱難生活的痕跡。

每次身處孤獨死現場，我都會感到心痛。究竟怎樣才能幫助更多的人從名為「父母」的牢籠裡掙脫？究竟怎樣才能與我的母親做個了斷？這樣尖銳的問題就在眼前。

我表面上維持著與母親的關係，但背地裡已經開始探索拋棄母親的方法。如果不這樣做，我可能會崩潰。我無可奈何，痛苦不堪。

無比脆弱、渴望被愛的我，為什麼要拋棄母親？如何拋棄母親？我想請你與我一同走到故事的結局。

目錄

第三章 功能失常的家庭

目錄

第四章　學校階級的最底層

第五章　金屬膠囊

第六章　母親看不見的傷

第七章　性與死

目錄

第一章　光之監獄

我曾無數次被母親「殺死」

人永遠都在面對相遇與別離。不只是戀人和朋友，有一天我也會和給了我生命的母親別離。但是，這種別離不一定是一般情況下的死別。

正如和戀人、朋友別離那樣，與母親別離的方式其實可以自己選擇。

幾年前，我選擇了主動拋棄母親。離開生養我的母親，是我此生做過的最艱難的決定，那種痛苦不亞於活生生撕裂我的身體。但即便如此，我還是能自信地告訴你，如果與父母的關係讓你感到痛苦，完全可以像分手一樣拋棄這段關係。

首先，我想回顧一下我與母親那極具衝擊力的「相剋的開端」。

那件事發生在我剛懂事，第一次認識到自己的身體和心靈時。當時我才四歲，還在上幼兒園。那是我對母女關係最早的記憶。

我記得耀眼的陽光總是從西側的窗戶照射進來，灑落在我和母親身上。那時的情景如今還深深烙印在我的腦海中。

我和母親一起從幼兒園回到家，我放下黃色的斜背書包，摘下深藍色的貝雷帽。剛剛在老師和同學們面前還滿臉笑容的母親突然臉色一沉，變得如同惡鬼一般。見到這樣的情景，我害怕得全身發抖。

「你給我過來！」母親扯著我細細的臂膀，把我拖到走廊盡頭的房間裡。

那是父親的書房，大概三坪左右。窗戶是完全關閉的，但窗簾總是開著，一半的地板被太陽照得金黃。房間裡還能聞到父親那股不算濃烈的刺鼻髮膠味。

房間左側擺著暖桌和椅子，桌上隨意放著粉紅、黃等各色螢光筆、色鉛筆及文件。我的父親是小學老師，他總在週末或晚飯後窩在這個房間裡，用暖桌上的筆批改考卷和作業。當然，工作日白天他不會在這裡。

母親的虐待一般發生在晴朗的午後，地點固定在父親的書房。我記得她因為「忘記帶東西」、「把衣服弄髒」等理由虐待過我。但現在想來，那不過是她的藉口罷了。回家後，一旦母親心情不好，我就能嗅到虐待即將開始的氣息，害怕得直發抖。有時候，她早上還高高興興地把我送去幼兒園，回家後又是另一副面孔。因此，我完全無法預料她什麼時候會虐待我。

那間房間被明亮的光線包裹著。只要我還能看見光，就有希望——雖然只是小小的希望。

眼睛還沒被蒙上的時候，並不痛苦。沒關係的，哪怕拖延一時半刻也好。幼小的我在心裡努力地為自己打氣。即便被母親痛罵，即便害怕即將發生的事情，我的目光還是忍不住去追隨光。因為那是我僅存的一點點安慰。

母親拉開壁櫥，粗暴地拿出一條聚酯纖維毛毯。咚的一聲，成千上百的細小纖維在空中飛舞，在夕陽的白光與黃光照耀下，優雅地自由浮沉。

下個瞬間，我的視野被黑暗籠罩了。父親書房中的物品突然成了殘像，失去了形狀。房間裡的光線消失了，我的眼前只剩下深淵般的黑暗，什麼都看不到。

我心中最後的希望也一同消失了。母親用毛毯蒙住我的頭，掐著我的脖子。我無法呼吸，臉上蓋著的蓬鬆毛毯鑽進嘴裡，吐也吐不出來。

「好難受，我不能呼吸了！」

「媽媽，我錯了！我錯了！原諒我吧！」

我在毛毯下拚命地呼喊，但無論怎樣哭喊、掙扎，都沒有人回應我。按照以往的經驗，即便聽到我的呼喊，母親也不會減輕力氣。我並不意外，因為我已經無數次親身證實了這樣慘痛的事實。我的聲音被厚厚的毛毯擋住，年僅四歲的我無力反抗母親的暴力。

我能做的，只有用小小的嘴巴和鼻子拚命呼吸，但呼吸愈來愈淺。

「哈——哈——」

難以喘息的感覺過於痛苦，我的眼淚和鼻涕不由自主流了下來。眼淚濡濕了臉頰，也沾濕了毛毯。沾濕的毛毯讓我更加難以呼吸。吸飽了眼淚的潮濕毛毯如同一頭巨大的怪獸向我撲來。那時我來到這個世界上才四年。

弱小的四歲孩童在母親強大的力量面前毫無抵抗之力，只能被她隨意玩弄。

「媽媽，救救我！」

痛苦至極的我想從毛毯的縫隙中發出聲音，卻嗚咽著咳嗽起來。原來毛毯的纖維已經被我吸進喉嚨深處。

我的意識逐漸模糊，呼吸也愈來愈淺。我無法正常地吸入氧氣，吐出二氧化碳。儘管如此，我的肺還是在努力地忍耐著。血液中的氧氣無法循環，令我垂死掙扎。

母親巨大的手掐著我的脖子，一點一點地用力，我就要喘不過氣了。

「媽媽，好難受。求求你，停下來！我錯了！我錯了！」

「我要是沒生你就好了。」

母親的話透過毛毯傳進我的耳裡。我不知道該怎麼辦才好。

她對我用盡各種虐待方式，但不讓我呼吸是最常用的手段。對我來說，最恐怖的從來都不是打屁股或者搧耳光，因為那樣只需要忍受一瞬間的疼痛。最讓我恐懼的，是呼吸一點一點地被奪走，不知何時會完全無法呼吸的感覺。

現在想來，母親之所以頻繁地用這種方式虐待我，是因為她害怕被附近的鄰居發現。

當時我們一家租住在福島縣郡山市的一棟老房子裡。那是個非常普通的小城市。在我出生的一九八〇年代，人們還不像現在這樣瞭解兒童虐待。但同時，當時的鄰里關係也不像現在這樣淡薄。我們家附近住著一對非常善良、熱心的老夫婦。母親和那戶人家的太太關係不錯，她常分送些食物給我們家，彼此也經常在社區活動中碰面。

因此，如果我大聲哭喊，可能真的會有人趕來看看，或者在背後議論。這是最讓母親害怕的事。

既不能讓周圍的鄰居聽到，也不能暴露自己的行為，所以她才常常用這種不讓我呼吸的方法折磨我。而且，這個方法還有一個好處，就是不會在我身上留下傷痕。如果我身上有傷痕，在幼兒園換衣服被人看到了，說不定會有人向兒童保護機構通報。

母親之所以選擇在父親的書房裡虐待我，也是因為這個房間在房子的最深處。一想到母親竟然考慮得如此周到，我就不寒而慄。

母親的「一箭三鵰」計畫顯然非常有效，不管是鄰居，還是幼兒園老師都沒有發現她虐待我，連父親也不知道。

是的，只有我這個當事人知道一切。這正反映了一個殘酷的現實——沒有任何人能幫助我。我必須獨自承受母親的虐待。

就這樣，我一次又一次地被母親「殺死」。但是，作為生物，我們的生命力其實非常頑強。雖然我那時只是個小孩，但我拚命學習母親虐待我的方式，試圖找到解決方法。

某天，在我第無數次承受母親的虐待時，我突然想到曾經在昆蟲圖鑑上讀過有關壁虎的知識。敵人到來時，壁虎會一動也不動，直到敵人走後才繼續活動。部分昆蟲和爬行類動物就是透過裝死來保護自己的。

於是，那天我學壁虎裝死，突然停止哭泣，放掉全身的力氣。這是一個四歲的孩子為了在這場命懸一線的戰爭中倖存，絞盡腦汁在痛苦中學會的計謀。但是現在看來，我對生存所展現出的執著，正是母親不願見到的。

我記得母親一開始看到我一動也不動時，非常驚恐。因為那一瞬間，她掐住我脖子的力氣突然變小了。

但母親比我高明好幾倍，不，是好幾十倍。她不知什麼時候識破了我的偽裝。後來，就算我突然失去力氣，她也還是會隔著毛毯繼續掐我的脖子。

我又一次被推入絕望深淵，因為我再也不能靠裝死來逃脫母親的虐待了。

沒有盡頭的虐待輪迴

當時，母親對我的虐待非常頻繁。我很害怕從幼兒園回家。每天到了回家的時間，我都會因為恐懼和情緒混亂而渾身僵硬，不停發抖。

母親的虐待往往是一時衝動所致，就像俄羅斯輪盤一樣。如果她心情好，只要發夠了火，很快就會放開我。那種時候我就能鬆一口氣，不用再忍受痛苦，又一次回到有光的世界中。光是我生還的證明，是我還在呼吸、還存在於世上的證明。

我多次因為母親的虐待而命懸一線，甚至幾次在遭受虐待時失去意識。當我醒來，周圍一片漆黑。我好像坐上了時光機，從白天突然瞬移到了夜晚。我清楚記得那種感覺有多麼詭異且恐怖。

即使那時我還只是個孩子，但也明白如果離開這個世界，我就能解脫。我在鬆軟的毛毯中逐漸失去意識，全身突然沒了力氣，就能暫時逃避痛苦，不用再遭受折磨。醒來時已經是晚上。到了晚上，一切就都結束了。

某天，我突然意識到，被迫活在地獄裡是件多麼痛苦的事。

只要離開這個世界，我就能解脫。只要從這個世界上消失，我就不用再受苦了。手腳失去知覺，小小的我就像關掉電源時的電視畫面一樣，一下子消失得一乾二淨。「好痛」、「好難受」，為了表達自己的感受而努力學會的語言，還有那些快樂或不快樂的感覺，都會跟著我一起消失。

長大後，我才客觀地認知到，這就是關於自殺的意識。

年僅四歲的我根本沒看過「自殺」這個字眼，也不知道這樣的概念。但是，那時我為了逃避母親的虐待，萌生了自我了斷的想法。與母親相處的時光實在是太難熬了。

但是，令我高興的是，失去意識後，母親會一反常態，對我格外溫柔。可能是因為看到我失去意識，害怕我真的死於虐待。

如果我死了，她會被當作殺人犯關進監獄。幼小的我還無法理解成年人的世界，一味地陶醉在母親偶爾施捨的溫柔中。

每當想到那時卑微地渴望母愛的自己，我總會忍不住心酸落淚。即便遭受如此殘暴的虐待，我依然渴望母愛，依然希望能被母親溫柔呵護。我做夢也沒想到，這種從內心深處湧出的感情，竟會在往後的四十年裡緊緊地束縛我的人生，支配我的行為。

就這樣，我度過了童年時光——或者說，活了下來。每天早上起床，去幼兒園，坐公車回家，然後叫喊著「好痛」、「好難受」，遭受來自母親的暴力，身心受到無情的折磨。

我曾數次在父親的書房中徘徊於生死邊緣。這樣的虐待一遍又一遍地上演，好像永遠沒有盡頭。無數次登上「斷頭台」的我，連同靈魂一起被母親殺掉了。

長大後，我可以斷言，母親當年對我做的事情就是虐待。

我明確地知道，對虐待的恐懼並不僅僅來自肉體上的痛苦。那種扎根於童年的無力感會陪我走完一生。即便長大成人，我也會在人生的各種階段一再回想起那種感覺，飽受折磨。

我無法掙脫母親的虐待。

浴室中的白光

回想起來，打從我懂事開始，母親就想出了一個又一個折磨我的方法。某天，母親又想到一個新的方法，比毛毯的折磨更讓我害怕。

我們家一直有個習慣，就是把前一天的洗澡水留在浴缸裡，以防發生地震等災害。母親注意到這些水，開始用來虐待我。

午後，四周非常安靜。我剛從幼兒園回來，就被母親拉進浴室。

「我不想洗澡！我不想洗澡！」我大聲尖叫，拚命反抗。但結局可想而知，母親永遠都是勝利的一方。打從戰爭開始，我的失敗就是注定的。被迫參加注定失敗的戰爭，可想而知我有多麼絕望。

浴室的玻璃門咔嚓一聲被鎖上，這場不知何時會結束的虐待開始了。

映入眼簾的，是以灰黑相間粗石子砌成的浴室、半透明的水瓢、晃動的水面、巨大的淺藍色浴缸、吊在白色繩索上的沐浴刷、小小的木紋椅子、發了霉的綠色洗髮精、潤髮乳瓶子。我嗅到了發霉的臭味，還能聽到藍色塑膠墊發出的嘎吱聲。

一束溫柔的白光透過小窗照進浴室。是的，那是一束慈愛的光芒。那一幕至今還清晰地留在我心裡。

母親的大手毫不留情地抓著我的頭髮，把我的頭按進浴缸中。透明的水面向我撲來，那種衝擊感和撞在堅硬的水泥地上沒有差別。水是冷的，母親用蠻力把我的頭一次次按入水中。

她彷彿被什麼東西附身，也像是不如意的孩子把壞掉的玩具砸到地上一樣，將水面擊打得啪啪作響。那種力道，好像要把體內湧出的恨意全部傾瀉出來一樣，也像是在詛咒我和她的人生——「要是沒生下你就好了。」

雖然意識混亂，但我仍感覺到水進到我的眼睛，火辣辣地作疼。我只能閉上眼睛。水花四濺，水流毫不留情地進入我的耳朵深處，好像得了中耳炎一樣，非常難受。

我被一次次按入冰冷刺骨、令人窒息的水中。我的鼻子、嘴巴、耳朵裡都是水，那些水讓我感覺到一陣刺痛。我的呼吸逐漸變得困難。

對幼兒園的小孩來說，浴缸像是個巨大的人工池塘，也像深不見底的海洋。母親抓著我的頭髮不停將我的頭按入水中。「咕嚕嚕——」我不能動彈，只能看到鼻子和嘴巴裡冒出無數巨大的氣泡，從我的臉旁飛向水面。

我的頭上是飛濺的水花，喉嚨深處哽著從肺裡擠出的氣泡。

我必須呼吸，必須呼吸……陷入恐慌的我只能胡亂掙扎，趁著母親稍微鬆開雙手的時候喘口氣。是的，我只想深深地喘口氣。那時我剛剛學會記單字，腦海中只有幾個詞語在不斷重複。

在意識混亂、呼吸即將停止時，四歲的我仍一心想著要向母親道歉。

「媽媽，對不起。」
「媽媽，我錯了。」
「好難受。」
「媽媽，我錯了。」
「好難受。」

終於喘過氣來時，我一定會和她說：「媽媽，對不起。」每當我的頭浮出水面，如果能看到那束光，我就會盡力呼吸，請求母親的原諒。我拚命懇求她放我一條生路。這是四歲的我為了求生做的最大努力。

母親的手稍微鬆開一些，我的頭就可以浮出水面。我知道，有一束燦爛的光正照在水面上。那束光也照耀著高大的母親和幼小的我。它異常溫暖，平和得甚至讓人有些恐懼，彷彿故意要和殘忍的現實形成對比。

好不容易浮出水面的我只顧得上喘氣，說不出一句話。光是把吞下去的水吐出來就是一道難關。

我真的想向母親道歉，真的想說點什麼。我想說「對不起」。可悲的是，我說不出一句話來。但如果我不說，又會被推入痛苦的深淵。

我好不容易在呼吸的間隙喊出了「對不起」，可惜這句拚盡全力才喊出來的話還沒說完，又被打斷。母親又一次抓住我的頭髮，用成年人的臂力將我的頭按回水中。

「對不起」的尾音在水中化作一串氣泡，消失得無影無蹤。直到最後我也沒能向母親傳達我的心意，內心充滿了空虛和絕望。

我很悲傷，卻無可奈何。我只能被強大的力量隨意玩弄。成年後，那種茫然的無力感依然折磨著我。

那是感情全部消失、提不起勁的無力感。當時的我憑藉著生物的求生欲奮力掙扎、抵抗。我的頭髮在水裡像海藻般貼在口鼻上，阻礙我呼吸。我如同實驗台上待解剖的青蛙，用盡全身的力氣不停掙扎。這是所有生物在生死關頭都會爆發的本能。

我曾在螢幕沙沙作響的舊式電視上，看到這樣一個場景：非洲草原上，幼小的牛羚被巨大的鱷魚拖進河裡。生活在陸地上的動物一旦被拖入水中，就再也回不來了。小時候我似乎想過，鱷魚明明一口就能吞掉小牛羚，讓牠不會那麼痛苦，鱷魚為什麼不那樣做呢？

小牛羚生命的最後時刻是悲壯的。鱷魚將小牛羚一次次甩到空中，好像在玩弄著一條注定會終結的弱小生命。最後，在小牛羚即將殞命的那一刻，鱷魚滿足地張開大嘴，將牠吃個精光。那個時候，小牛羚在想什麼呢？

明知等在後頭的是絕望的死亡，卻仍拚命掙扎的小牛羚，那時會有怎樣的心情呢？這是不是就是動物求生的本能呢？

我眼前的那片水面，和電視裡的那條河如出一轍。

浴缸就像一條潛伏著鱷魚的河流。在母親壓倒性的力量面前，我就是那隻被玩弄的小牛羚。不同的是，母親的虐待並不以讓我死亡為目標。我不知道它什麼時候開始，什麼時候結束。某方面來說，這種感受比等死更痛苦。

浴缸中的水，如同暴風雨中波濤洶湧的大海一樣可怕。水面劇烈地晃動著，水滴不斷地飛濺出去，落在母親的圍裙上。

她的大手緊緊抓住我小小的頭，我能感覺到她的力氣愈來愈大。水面冒出大量氣泡，我肺中的氧氣快要耗盡了。我的意識逐漸變得模糊，生命似乎正在消散。年幼的我意識到這次我可能無法活下去了。

好難受。好難受。我的腦海中只剩下這句話。由於大腦缺氧，我的手腳失去力氣，逐漸放棄掙扎。

已經沒有自救的辦法了。只剩時刻襲來的恐懼感、在水裡的感覺、模糊的記憶片段……我什麼時候才能解脫？

被囚禁在「監獄」裡的女孩

可能過了一小時，也可能過了幾小時，我感知不到時間的流逝。也或許是因為我害怕想起那段記憶，所以只好壓抑在心底。儘管如此，我還是清楚記得，那時時間變得好慢，就像電影裡的慢動作一般。

當我回想母親的惡行，最先出現在腦海中的就是那束溫和柔美的光。白橙相間的光一直籠罩著我們。強烈的陽光就這樣跟母親的虐待一起留在我的記憶深處。

母親總在晴朗的平日下午虐待我。當然，那是因為她不希望父親發現這件事。她看準我從幼兒園回家後到吃晚飯前的那段時間。因此，從太陽高懸到日落西山的這段時間，就是我最痛苦的時候。

總有一束光透過浴室靠近天花板的小窗照進來。那是夕陽的餘暉，它與我共存。現在想來，父親的書房和浴室與陽台、客廳相反，都在房子的西邊。在令人昏昏欲睡的寧靜午後，溫暖柔和的陽光下等待我的，是母親的虐待。

我照在水面上的燦爛的光溫柔地籠罩著母親和我。我的眼睛被夕陽的餘暉晃得刺痛。我全身顫抖，對即將發生的事感到恐懼。

母親的手將我的頭按進水裡，我的眼、耳、口、鼻中大量進水，僅靠母親一時的施捨才能浮出水面，抓住救命稻草般喘口氣。再一次回到被光照耀的世界，它依然那麼溫和、耀眼。

那束光溫暖得令人戰慄。它與我同在，不，是與我們同在。母親的虐待與那束光總是相伴而來。

我每天早上起床，搭公車去幼兒園，回家後就會立刻被拉進父親的書房或浴室。對我來說，那兩個陽光燦爛的房間無異於光之監獄。

我失去了光明。那個時刻終於還是來了，我又跌入被絕望與痛苦支配的深淵。在漫長的痛苦與黑暗中，我被捆住雙腳。強大的母親掀起暴力的漩渦，如同一條盤著的巨蛇，將我愈絞愈緊。

母親是主宰一切的神，也是惡魔。我的命運就像突然轉動的骰子，一切都要看母親的心情，我不過是為她助興的祭品。太陽每天照常升起，瘋狂的生活也同樣沒有盡頭。

童年的我身處生死邊緣。

在母親殘酷的虐待下，我的肉體僥倖存活下來。如今我仍在這個世界上，但我的靈魂早已在沒有盡頭的虐待輪迴中，一次又一次地死去。

現在和那時一樣，早上起床工作，天黑後迎接夜晚。我已經四十歲了，泡在浴缸裡仍會覺得呼吸困難、噁心。即使作為成年人，浴缸對我來說小得有些擁擠，當然不足以使我溺水。

有時我把臉埋進蓬鬆的被子裡，幼年時那種無法呼吸的感覺就會捲土重來，我的心臟仍會不受控制地急促跳動。

那種時候我只能安慰自己：「沒事的，我已經長大了，不會再遭遇那樣的事了。」但不知為什麼，我總覺得有人在扯著我後腦勺上的頭髮。

我常在不經意間想起我心裡的那個女孩。那個女孩去哪裡了呢？是突然不見蹤影了嗎？她還在痛苦中掙扎嗎？她還被囚禁在「監獄」裡嗎？她還在沒有盡頭的虐待輪迴裡苦熬嗎？

拋棄母親後，我終於可以面對那個女孩，把她從我心裡救出來了。

我確實遭受了來自母親的虐待。本來應該愛著我的母親，對我的身心造成了傷害。但是在過去的人生中，我一直對這個事實視而不見。因為直到現在，我還是很渴望得到母親的愛。我一直對心裡的那個女孩放任不管，只當她已經死了。

但這麼多年來，我其實很想見到她，很想讚美她。我想摸摸她的頭，緊緊地擁抱她，對她說：「真不容易，你活下來了。」我想給那個迷失在時空夾縫中的女孩一個安身之所，否則她就只能如同無家可歸的亡魂般，痛苦地活在我心裡的某個角落，用悲傷的眼神看著我。

拋棄母親後，我第一次和心裡的那個女孩相遇。這對活在人生後半段的我來說，無異於與過去的自己重逢。

寫下母親的所作所為時，我無疑是極度痛苦的，但這也是我拋棄母親後所得到最大的禮物。因為這是我珍視自己的第一步，是我為自己而活的第一步。我終於和我內心的女孩重逢，這意味著我走上了自己的人生道路，雖然步履蹣跚，但這是我踏踏實實走出的一步。

這就是我拋棄母親一段時間後的感悟。

第二章　煙火升空

四歲時，謀殺未遂

弟弟是在我四歲時出生的。母親的肚子一天天鼓起來，年幼的我嗅到了一絲不安的氣息。身懷六甲的母親愈來愈頻繁地撫摸自己的肚皮，神情看起來慈愛極了。

不久後，一件令我震驚的事發生了。

一個小得出奇、經常發出奇異叫聲的怪東西出現在我面前。那就是我剛出生的弟弟。母親慈愛地把這個怪東西抱在懷裡，親暱地用臉頰蹭他。我還記得那時母親不同尋常的表現讓我有些不安。後來，我的不安成真了。

從弟弟出生開始，母親的注意力就轉移了。不管我叫她多少次，她都不再理會我。

「你是當姊姊的」，這句話不知不覺間成了她的口頭禪。那句話，也束縛了我一生。

弟弟確實很可愛，因為他比一般的男孩更中性。現在他已長成一個身材高大、體格結實的男人，但三歲前，他的眼睛水汪汪的，像個小女孩。鄰居們都很喜歡他。

弟弟就算只是坐在嬰兒車裡，也會吸引周圍的阿姨們前來搭話。「你家孩子長得像個小女孩呢。哎呀，是男孩子呀。」「真可愛。」聽到這些話，母親笑容滿面，而我只能悄悄地跟在後面，盡量不引人注意。

對母親來說，弟弟是她最大的驕傲。生下弟弟後，她故意當我不存在。無論我怎麼叫她、怎麼撒嬌，她都不理我，更不會回應。這種事愈來愈頻繁地發生。

我就像是個隱形人。弟弟出生後，母親忽視我的日子愈來愈多。母親的乳房和愛全都屬於弟弟。這個事實撕碎了我的自尊心。

我唯一能得到「母愛」的時刻，就是被母親虐待的時候。

弟弟出生後，母親的虐待不但沒有停止的跡象，反而變本加厲。母親在外是一副模樣，回家後卻又是另一副模樣。和同為母親的朋友們相處時，她可愛又親切；回家後，她對我的虐待卻愈來愈殘酷。但是，她一次都沒對弟弟動過手。

她把養育弟弟的所有壓力都赤裸裸地宣洩在我身上。我早就深刻地體會到，對她來說我只是個累贅。儘管如此，忍受暴力的時候，我仍能感覺到母親全心給予我的「母愛」。那是我無比渴望的珍貴時光。因為只有那時，母親才會看到我。

當然，對孩子來說，父母是像神明一樣絕對正確的存在。我深信母親給予我的痛苦只是有點畸形的愛。可能這就是童年時期母親在我體內植入的「病毒」吧，這種「病毒」直到現在還在影響我的人生。

如果每次都在搖鈴時給狗餵食，久而久之，狗聽到鈴聲就會開始分泌唾液。這就是「巴夫洛夫的狗」效應。我認為母親的虐待，是她愛我的證明。我就像巴夫洛夫的狗，只要肉體疼痛，就能感受到被母親深愛的幸福。如今我還是這樣，分不清痛與愛。

一切的根源，在於弟弟這個異端的出現。我恨弟弟，恨透了。在我童年的記憶裡，只有來自母親的虐待和對弟弟的強烈恨意。我的情緒無處發洩，一開始還很小的情緒氣球一天天變大。現在回想起來，那個氣球裝著的，不過是希望母親看看我的悲傷心願。我無法控制自己黑暗、執拗的情緒。

弟弟太礙眼了。他獨占了母親的愛，連身邊的其他人也願意給予他愛和保護。如果沒有他，媽媽就會看我了吧？這種念頭一天比一天強烈。

直到某天，裝滿了悲傷心願的氣球爆炸了。那是讓我永生難忘的一天。

那天下午，母親出門買東西，弟弟在搖籃裡酣睡。等我回過神來，我發現自己的手正掐著弟弟的脖子。我一點點地加大手上的力道。

「哇——」

弟弟的臉漸漸憋得通紅，他用不尋常的聲音哭鬧起來。由於太過痛苦，他哭得非常大聲。

「怎麼了？發生什麼事？怎麼哭成這樣？太可憐了。」

大概過了幾分鐘，直到聽見鄰居家大嬸的聲音，我才回過神來。大嬸一溜煙地從簷廊進入客廳，把弟弟從搖籃裡抱起來安撫。我裝作什麼都不知道的樣子。

「他突然就哭了。」我記得我當時是這麼說的。
「乖喔，乖喔，小可憐。你媽媽去哪了？」
「買東西。」我簡短答道，然後連忙轉身走開。

弟弟被溫柔地抱在懷裡安撫，我果然還是恨著他。我甚至想，要是剛才沒有放手就好了。這樣的話，討厭的他就能消失了。如果有機會，我真希望他能消失。這就是那時我心裡的真實想法。

弟弟總是被人捧在手心裡，而我卻必須忍受被甩開的感覺。我也很想跟母親撒嬌，但是不知不覺間，我變得甚至不敢伸出雙手。

弟弟完全不記得這起算得上殺人未遂的事件，不，應該說這就是真正的殺人未遂事件。那時我決定把這個祕密帶到墳墓裡。

如今之所以記錄下來，是因為我希望更多人知道父母的無視究竟會把一個孩子逼入怎樣的絕境。而且，我很歉疚，想向弟弟道歉。

如果當時鄰居大嬸沒有聽到弟弟的聲音，我的惡行沒有停止，弟弟可能會受重傷，甚至死亡。一想到這裡，我的心就像被撕裂了一樣疼痛。如果當時我的力氣再大一些，弟弟現在可能就不在人世了。

當時我還太小，不能像現在這樣客觀地看待善惡與生命的分量。我如此渴望母親的愛，甚至任情緒驅使，向弟弟伸出了罪惡之手，我卻感受不到那是一種罪惡。還好弟弟平安無事，我才能擁有如今的生活。

我想，那時的我，不，不如說我們一家人都處於隨時可能崩潰的危險平衡，遊走於生死邊緣。

無處可逃的母親

我的父親是小學老師，算是公務員。我的母親是家庭主婦。我是他們的第一個孩子。母親過去也是中學老師，兩人的職業都稱得上是神聖的。在旁人眼中，我們家是非常普通的中產家庭。我的父母屬於「團塊世代」[1]之後的「冷漠世代」[2]。

他們都在農村長大，在東京讀大學時相識、戀愛、結婚，後來搬到父親老家附近的福島縣。

他們的愛情「聖經」是長渕剛的歌曲〈蜻蜓〉。他們眼中的東京是青春的象徵，是一個寧死都要去的「花之都」。他們那個年代的人充分受到戰後民主主義的洗禮，格外注重自由，蔑視舊習。

母親引以為傲的是父親是當時罕見的研究生，而且兩人是自由戀愛結婚的。她對自己的婚姻建立在自由戀愛的基礎上這件事尤其得意，總是抓住一切機會嘲諷相親結婚的人。在她眼裡，相親是陳舊的、落後的。

離開了最討厭的農村，經歷了「進步」的戀愛，終於和所愛的人步入婚姻殿堂，按理說母親的人生應當是一帆風順的。但是，從我懂事開始，父母的婚姻就出現了裂痕。

小時候，我常會聽到父母爭吵的聲音。不管是在被窩裡迷迷糊糊地睡著的時候，還是吃飯的時候，都能聽到他們激烈的爭吵聲。有時兩個人吵得特別凶，碗筷亂飛，甚至會像電視劇裡一樣掀翻飯桌。

母親每次和父親吵完架，總是哭著光腳跑出去。但是，就算跑出去了，她也無處可去，因為這裡對她來說是遙遠的異鄉。

母親的娘家九州距離東北地方非常遙遠。當時還沒有廉價航空公司，飛機屬於非常高檔的交通方式，因此母親幾年才能回一次娘家。她無處可逃，對她來說，婚姻就是困住她的囚籠。

和父親吵完架幾個小時後，母親拖著沉重步伐蹣跚地回到家。她的眼睛因為充血而變得通紅，讓我有點害怕。她拍掉腳底的沙土，一個人收拾屋子裡的殘局。父親則悶在書房裡，彷彿對外面的事一無所知。

這樣的事情在他們的婚姻生活中屢見不鮮。父母的婚姻顯然早在起始階段就出現了難以維持的跡象。只是那時離婚還不像現在這樣普遍，他們不得不被世人的眼光所束縛。

---

1 指日本一九四七年到一九四九年間出生的一代人，是日本一九六〇年代中期推動經濟起飛的主力。

2 指日本一九五〇年到一九六四年間出生的一代人，他們在日本學生運動衰落時期成年，大多數人不關心政治，對社會事件冷眼旁觀。

而且，這是母親經過「進步」的戀愛自己選擇的婚姻，無論多麼艱難，她都必須堅持下去。一生要強的母親，人生中絕不能出現「離婚」這兩個字。

因此，我成了母親發洩壓力的出口。更重要的是，我就是把她困在地獄般家庭生活中的罪魁禍首。

教育虐待

近年來，我透過媒體認識到「教育虐待」這種說法。

除了肉體的虐待外，我也遭受母親的教育虐待。長大成人後，無意間聽到別人家的母子大談成功經驗時，我的胸口便會刺痛不已。

查看手機訊息或偶然在速食店裡瞥一眼電視時，常常能看到類似某個孩子因為家長的支持而考上東京大學，成為天才音樂家或天才演員的新聞。那種時候，我總會不由得有些頭暈。

那些「成功者」的母親往往站在他們身旁，陪著他們在鏡頭中笑容燦爛地講述母子齊心協力取得成功的故事。這讓已經長大成人的我，心口像是被撕裂了一般劇痛。因為跟他們相比，我一事無成。這種無力感不斷地折磨著我。無法滿足母親期待的我羞愧得無地自容。

我依稀記得自己從有記憶開始，就坐在鋼琴前練習。之所以說「依稀記得」，是因為四歲前的記憶非常模糊。從我懂事起，眼前就時常出現黑白相間的琴鍵。

「我女兒三歲就開始學鋼琴了。」這是讓母親非常自豪的事。

小時候，我身邊總是坐著身穿洋裝的鋼琴老師。我記得她波浪般的披肩長髮常常垂到琴鍵上，身上散發出好聞的香皂氣味。她非常溫柔，所以我很喜歡上鋼琴課。

但是回家後，一切風雲變色。

我家客廳裡放有一台山葉雙層電子琴。結束鋼琴課回到家，我就要按照母親的要求在它面前坐上數小時，複習鋼琴課學到的曲子。

母親坐在我身旁，像軍隊中嚴厲的教官一樣，目光灼灼地盯著琴鍵。她右手拿著一把長尺，只要我彈錯一個音，那把粗粗的尺就會毫不留情地打在我的大腿上。

「又彈錯了！」

大腿傳來一陣刺痛。我很怕挨打，因此練琴時總是戰戰兢兢的。但愈害怕犯錯，就愈容易彈錯。大腿因為被打了太多下，不知不覺間變得又紅又腫。

母親就是如此偏執地關注對我的教育。回想起來，其實母親對許多事既羨慕又憎惡。她在街上和看起來恩愛和睦的年輕情侶擦肩而過時，總是用輕蔑的眼神打量對方；遇到比她家境更好的人，她的心裡會燃起熊熊嫉妒之火。

母親不僅對自己的遭遇不滿，還憎恨世間萬物。正是這種憎恨讓她形成了斯巴達的教育理念。

我家附近有一幢豪宅，女主人是母親的朋友，出身高貴且美麗優雅。那家的女兒也十分可愛，因為和我年紀相仿，我們常一起玩。那戶人家的女兒從小讀基督教會的私立幼兒園，一直在學小提琴。母親表面上和那家的女主人很親密，但我能清楚感受到母親對她的羨慕和嫉妒。

我父親只是個小城市的老師，以他的收入很難讓我接受和他們家一樣的教育，這對母親來說恐怕是很大的打擊。

母親談論任何事情都會提起他們家，非常希望我能超越他們家的孩子。我發自內心渴望得到母親的愛，所以拚盡全力按照母親的要求認真上鋼琴課，不管被母親打罵多少次，都非常投入地練琴。這一切都是為了母親。現在回想起來，母親對我做的一切就像是洗腦。

當時，母親體內彷彿蘊藏著無處宣洩的能量，如岩漿般熾熱。她對我的嚴苛要求，不過是為了把注意力從四分五裂的家庭上移開。更重要的是，她想站在聚光燈下，享受別人羨慕的眼光。

她希望能像雜誌和電視上意氣風發的成功母子一樣，燃放世人皆知的盛大煙火，一舉逆襲人生。而我，就是她的「煙火」。

從幼兒園到小學，我一直在接受母親高強度的鋼琴特訓。這就是教育虐待。那樣的日子對我來說司空見慣，我絲毫沒有懷疑過那是不正常的。隨著我不斷長大，母親的教育虐待愈趨狂熱。

搬回母親的家鄉

小學二年級時，我們家發生了巨變。

父母突然決定離開福島，搬去母親的家鄉——宮崎。表面看來是因為父母買到了夢寐以求的房子，但我知道這不過是藉口。實際上是因為母親對這段婚姻忍耐到了極限，強烈要求搬回娘家。這是拯救他們破碎婚姻的唯一辦法。

母親對外公、外婆哭訴了很多次。他們幫父親在宮崎找到工作和合適的房子，在電話裡勸了父親多次，終於說服了他。

或許父親也因為剛結婚就爭吵不斷而對母親有些愧疚。總之，我們從父親的老家福島，搬到了母親的老家宮崎。

我們的新家位於宮崎市內一個在大山上開發的新建住宅區。這區的房屋外觀都一樣，屬於小型城市常見的，由日本住宅公團統一開發的大規模住宅區。角落的新蓋獨棟建築就是我們的新家，距離母親的娘家大約一小時的車程。

這個普普通通的住宅區，對孩子來說是個沒有出口的監獄。

在福島租屋時，我上學途中會經過一家點心店。就算什麼都不買，店裡的婆婆也總是用溫柔的笑容歡迎孩子們。鄰居間的交流非常頻繁，關係也很融洽，只要弟弟一哭，聽到聲音的鄰居就會立刻趕來查看。

而這個住宅區的人際關係，淡薄得令人吃驚。周圍的鄰居都是所謂的中產至上層階級，他們堅持個人主義，不願與他人深入往來，一貫主張不干涉別人的家務事。

在社區裡，不管走到哪，眼前的房子都長得一模一樣。附近只有一座公園和一家小超市，沒有福島那樣的點心店或飲料店，沒有車的話，哪也去不了。一到晚上，整個住宅區就被壓抑、沉重的寂靜籠罩著。

這座巨大的「睡眠之城」在小孩眼中顯得有些詭異，沒有能讓孩子放鬆玩耍的地方。母親非常討厭社區組織，在她看來，那是二十世紀的遺物。搬到宮崎後，她沒有加入兒童交流組織，也從不參與當地的兒童交流活動。

然而，鄰居們的教育水準異常地高，附近豪宅也很多，住著許多在福島從未接觸過的醫師、大學教授等社會菁英。受到他們的影響，母親對教育的熱情更勝從前。搬到宮崎後，她每天都要求我高強度地學習。

在母親的命令下，我開始不間斷地上各種課外才藝班。在福島時，我只上鋼琴課和書法課，但現在我還要學游泳、縫紉、英語口說、珠算……放學後，我沒有任何休息時間。我的日程被課外才藝班和練習給填滿，好不容易放假了，也得在母親的監督下在家從早練習到晚。才藝班和各種練習讓我疲憊不堪。

其實我很想去上補習班。聽別的孩子說，補習班非常有趣。老師們常講些有趣的話題，放學回家的路上還可以和朋友們一起喝飲料、聊天。現在想來，在那個讓人窒息的新建住宅區中，補習班可能是孩子們唯一的緩衝空間。

我多次對父母說想去上補習班，但都遭到拒絕。父親是小學老師，母親原本是中學老師，他們理所當然地認為自己的孩子應該由自己輔導，不值得花錢請別人教。他們態度堅決，我也因此斷了念頭。

在地方上的人們眼中，要成功就得考上縣內首屈一指的高中。我住的社區附近就有高材生雲集的「西高校」，該校很多學生都考上東京大學，可謂人才輩出。

母親非常希望我能考進那所高中，因此我的學習目標就成了考上那所高中。我的在校成績還不錯，但是轉學後，我深刻地體會到什麼叫「人外有人，天外有天」。上流社會的家庭在小孩的教育方面不惜成本。很多地方上的醫師、教授從孩子還小就請家庭教師來輔導孩子的課業，這些從小就接受菁英教育的孩子每一科都表現優異，這讓我感到震驚。在福島，我的成績算得上名列前茅，可是在他們面前，我一敗塗地。我和他們不一樣，我有自己不擅長的科目。我的語文和社會科成績還不錯，但數學和理科都很差，即使擠出睡覺時間和父母一起拚命讀書，也沒什麼提升。

從那時開始，我在讀書上遇到了很大的挫折。我意識到自己能力有限，同時因為無法滿足母親的期待而深感絕望。

那種感覺讓我渾身顫抖，彷彿要把我推入深淵。因為我一直深信，讀書是我的使命，我必須為母親做出貢獻。

搬到宮崎後，母親不斷向我施加更大的壓力。這個轉變大概是因為我們跟外公、外婆家距離更近了。

母親每週都會開車帶我回娘家，每次都會帶上我滿分的考卷和成績單。

「把這個拿給你外婆看。」如果我考高分，母親的好心情就會寫在臉上，開車時都高興地哼歌。

我痛苦地明白，她想獲得在父母面前炫耀的資本。就像我渴望得到她的認可一樣，母親也希望得到她父母的認可。不，準確地說，是渴望他們的愛。我是母親的孩子，是她點燃的「煙火」，也是她的分身。母親想透過我這個分身讓外公、外婆認同她的價值。

至於為什麼母親如此渴望得到外公、外婆的認可，後文再詳述。

成為母親的「特別之人」那天

總之，搬到宮崎後，在母親的掌控下，我每天過著忙得暈頭轉向的日子。但是，有天，一個巨大的轉折出現了：學校發了作文比賽的報名表給我們。母親看到後，要求我必須參加。

「你就照媽媽說的寫。那樣寫更好。」

雖然記憶有些模糊了，但我清楚記得自己半夜揉著惺忪的睡眼，在稿紙上記錄母親口述的內容，寫成了一篇四百字的作文。

那漆黑房間裡的亮黃色燈光如今還烙印在我的眼皮上。那時我累到不清楚發生了什麼事，但早上起床，作文已經寫好了。可以說那篇作文幾乎是母親寫的。

母親結婚前是語文老師，尤其擅長指導作文。

我在那次作文比賽中得了大獎，在全校師生面前得到了表揚。回家後，我把這件事告訴母親，她高興地跳起來擁抱了我。就像前面說的，那篇作文幾乎是母親寫的，所以現在想起這件事，我只覺得十分愧疚。

但是，當時我對自己的行為毫無愧疚感。因為母親很高興，她終於認可我了。這篇由母親寫的作文彷彿讓我和母親融為一體，我好高興。

「就是這樣！」那時，母親心裡應該真的很高興吧，她終於能在別人面前揚眉吐氣了。只要把被認為文采斐然的女兒當作煙火一樣利用就好了。

從那之後，我不斷按照母親的口述內容寫作文。對真相一無所知的語文老師很滿意，常告訴我各種全國作文大賽的資訊。起初大部分作文都是母親寫的，掌握了寫作技巧後，我就開始自己寫，再由母親幫我修改。

我在各種作文比賽中無往不利。雖然不一定每次都能拿金獎或冠軍，但一定能拿佳作或優等。每次在作文比賽中得獎，母親都非常高興。

「久美子，你還要得更多的獎，讓媽媽高興。」

除了鼓舞我，她還會小聲地在我耳邊說：「久美子，你可是遺傳了媽媽的基因。」這句話是最讓我高興的。等我回過神來，大顆眼淚已經掉了下來。我是繼承了母親血脈的人，我是母親的「特別之人」。一直以來，我都渴望母親的目光能落在我身上，現在她終於看到我了！她在看我！她珍惜著我。我成了母親的替身，替她完成未能實現的人生。求你了，母親，再多看看我吧！

如果文章寫得好，母親就會讚揚我。想要被她讚揚，我就要寫得更好。我決心要拿到更多獎。

仔細想想，其實我總是半途而廢。學了很多技能，但沒有一樣稱得上出色。我沒有體育天分，學了書法卻從來沒有拿過獎。更別說課業，很多同學都比我強。

但寫作的世界不一樣。這是我唯一有天分的領域。我家客廳掛的獎狀愈來愈多，都快放不下了。每次得獎，母親不僅會向外公、外婆報喜，還會跟鄰居們炫耀我是她引以為傲的女兒。

事實上，弟弟當時也試著寫作，只是結果並不如母親所願——他的作文寫得一塌糊塗。雖然我們是姊弟，但他完全沒有寫作天分。而且他本身就沒有討母親歡心的動力，所以也沒什麼幹勁。他不必像我這麼努力，就可以得到母親無條件的愛。是的，他一出生就擁有了一切。

弟弟只因為是男孩，就能獲得無條件的愛。和他不同，別人給我的愛都是有條件的。所以我發了瘋一樣地想贏得母親的愛。對我來說，每天都面臨生死攸關的生存之戰。

我想得到母親更多的讚揚

從上幼兒園開始，我就努力在母親的肉體虐待中求生。隨著我一天天長大，危及生命的虐待愈來愈少，但是我努力求生的狀態從未改變。

我竭盡全力，希望能得到母親更多的讚揚。我希望她能摸著我的頭鼓勵我：「你已經很努力了，你真棒。」然後緊緊地擁抱我。懷著這樣的期待，我拚命寫好作文，參加各種作文比賽。對幼小的我來說，不停寫作是我的救命稻草。

我確實比一般人更會寫作，但這種天賦遠遠不到出類拔萃的程度。因此，我必須付出非比尋常的努力。

要在成千上百次的比賽中拿獎、贏得母親的寵愛，並不是容易的事。就算是花很長的時間用心寫出來的作文，一旦落選就毫無意義。

成功的機率只有百分之五十，而且為小學生舉辦的作文比賽並不多。我必須想辦法吸引母親的關注。這讓我非常焦慮。

一天，母親注意到早報。

她對我說：「久美子，你那麼擅長寫文章，不如投稿到報紙看看吧？」

「啊？」

我雖然震驚，但只能聽從母親的安排。

報紙的投稿欄位所刊登的，一般都是讀者的見解。大多數報紙都有這樣的欄位。主題非常廣泛，可以是關於社會議題的討論，也可以是日常生活中的溫馨事件。

在母親的建議下，我開始同時準備作文比賽和報紙投稿。與定期舉辦的作文比賽不同，報紙是常年接受投稿的，這對我來說非常有利。

我家訂了很多報紙，因為母親相信孩子多讀報紙會更聰明。最多的時期家裡訂了四份報紙，分別是地方報紙、《朝日新聞》、《讀賣新聞》和兒童報紙。門口的信箱被各種報紙塞得快要炸開。

我每天都會閱讀各家報紙上的投稿欄位，研究它們可能接受的投稿類型，並根據每種報紙的風格制定寫作策略。我發現大人的報紙和兒童報紙刊登的文章並不相同。

漸漸地，我大致掌握了兒童報紙的風格。兒童報紙編輯特別關注孩子純真質樸、童言無忌的特點。尤其是在闡述社會議題或學校生活的摩擦時，從孩子的純真視角進行討論是最受歡迎的。

我故意在投稿的文章中展現孩子氣的一面，因為我知道報紙選稿的標準。現在想來，我從小就是個有著小聰明的孩子。不，應該說，這個小聰明是我為了求生而必須做出的努力。

可惜無論我如何努力研究，要讓稿件被報紙選用也不是容易的事。尤其是《朝日新聞》和《讀賣新聞》，退稿率很高，我投稿多次都沒有結果。不過地方報還是有點機會，而且鄰居們更願意訂閱這樣的報紙，所以某種意義上來說，比起文章被刊登在全國性的報紙，母親更在意我在地方報上的知名度。

因為策略得當，我投稿的文章一篇接一篇地被報紙刊登。

我沒日沒夜地在餐桌上一盞小燈下專心地寫作。母親看到我的樣子，溫柔地說：「真是辛苦了。」她的聲音就像在安撫貓咪一般溫柔，臉上也浮現陶醉的神情。如果她心情好，還會親手為我倒一杯熱可可。在那樣的日子裡，我從來沒有休息的時間。

週末，我必須把累積了一星期的報紙從頭到尾讀一遍，瞭解社會上發生的事件，思考自己的觀點。這是為了形成自己的邏輯而必須做的資訊蒐集工作。我也參考了很多其他小學生投稿的文章，他們都是我的對手。

我忙於參加學校或企業主辦的作文比賽，還要忙著投稿給報社。

我就這麼背負著母親沉重的期待。我所做的一切，都是為了讓她高興，好得到她的關注。除此之外，我沒有任何活下去的意義。

我和母親血脈相連的證據

當時，早期教育處於白熱化階段。過去電視台和雜誌總愛大肆宣傳天才運動員、天才演員的傳奇故事，但隨著時間的推移，流行趨勢有所轉變。

我開始寫作時，有個天才童話小作家橫空出世——年僅六歲就寫出《天才妹妹吃金魚》的竹下龍之介。

竹下龍之介稱得上是我讀小學的時代——一九九〇年代的時代寵兒。他兩歲識字，三歲寫日記，五歲開始創作。他以妹妹為原型寫的《天才妹妹》系列大受歡迎。一九九一年，他的作品獲得第八屆福島正實紀念SF童話獎，成為暢銷書。一九九七年又被改編成動畫電影。在母親看來，竹下龍之介就是早教潮培養出來的理想孩子。她每次在電視或雜誌上看到竹下龍之介的消息，總會格外興奮。

這位天才童話小作家的母親自然也在那時一舉成名。我家的書架上不僅擺著《天才妹妹》系列作品，還有竹下龍之介的母親所寫的教養書。作為天才童話小作家的母親，她的早教方法備受關注，也常在媒體上露臉。母親一遍又一遍地讀著那本教養書。孩子出名了，媽媽自然也會受到關注，母親一定堅信著這點。聚光燈下的榮耀時刻是她的畢生所求。

從那時開始，母親已經不能滿足於作文比賽和報社投稿。她開始每個月買《公募指南》（公募ガイド）給我。

《公募指南》是彙集了各種公開報名的獎項和比賽資訊的雜誌。那本厚厚的雜誌上有散文、小說、報導文學等各種獎項的名單。母親大概是覺得要讓我成為天才童話作家，就必須在成年人的比賽中取得勝利。成人比賽的難度和小學生比賽的難度差距極大，母親卻自顧自地得意起來。

「你也能成為龍之介那樣的人！你可是遺傳了媽媽寫文章的才華啊。」

母親常對我說這樣的話。她的期待熾熱得讓我感到厭煩。毫無疑問，這對我來說是沉重的壓力。

但另一方面，我也很高興聽到母親這樣說。畢業於經濟系、擅長理科的父親毫無寫作天分，但母親曾是語文老師，從小就很會寫文章。

我的寫作天賦繼承自母親，是我與母親血脈相連的證據。這是父親和弟弟沒有的獨一無二的天賦。我很高興成為母親心中的「特別的人」。對渴望愛的我來說，這是唯一的身分認同。

即使母親給我的愛是有條件的，我還是想得到她的愛。只要能得到她的愛，無論付出什麼我都願意。

母親迫切地需要可以炫耀的資本。而我是和她長相相似的「煙火」，是她手中的棋子。每當我的文章刊登在報紙上，她就會拿著那份報紙到處宣傳，然後興高采烈地開車回娘家。在她看來，女兒的成就也是她的成就。

看到我被外公、外婆表揚，她總是非常驕傲、滿足。我至今都無法忘記她的笑容，燦爛得像是她被表揚了一般。一直以來，我所求的就是母親這樣的笑容。

母親所渴求的，是一發能夠逆轉一切的煙火。

她嚮往的婚姻生活變成了地獄，只能任性地做一個蠻不講理的家庭主婦。她一定很期待生活發生一次逆轉，像棒球比賽最後半場打出反敗為勝的全壘打一樣。她期待《灰姑娘》的情節發生在現實生活中。

但是，我與竹下龍之介不同，我並不是母親所期待的天才。我只是寫作能力比一般人好一點的普通小學生而已。彷彿為了證明我的平庸，我在成年人的比賽中屢戰屢敗，最好的成績也不過是獲得佳作。

就在那個時候，宮崎的地方報《宮崎日日新聞》開設了一個名叫「童話小屋」的專欄，向大眾公開徵集原創童話，一旦被選中，就會配上插圖刊登在該報上。與字數有限制的投稿欄位不同，「童話小屋」的版面十分充足。於是，我在母親的建議下開始投稿到「童話小屋」。

「童話小屋」第一次刊登我的作品，是在我小學六年級的時候。

「久美子上報紙了！」

早上睡眼惺忪地洗臉時，我聽見父親大聲地叫我。他翻到報紙的文化版，我看到「童話小屋」欄位上清清楚楚地印著「菅野久美子，小學六年級」這幾個粗體字。我擺出勝利的姿勢。

當時，「童話小屋」是成年人的專場，策劃這個專欄的編輯大概沒想過會有兒童投稿。所以，我很清楚我的稿件會被採用，並不是因為寫得有多好，而是因為很稀奇。

總之，我成功在「童話小屋」專欄上首次亮相。那時母親比以往任何時候都欣喜。她逐一打電話給親戚和鄰居，興奮地跟所有人炫耀：「今天的《宮崎日日新聞》刊登了我們家久美子的作品，快看看！很棒吧！」

雖然我離全國矚目的天才童話作家還很遠，但總算是滿足了母親的虛榮心。

偽裝成天才的小丑

之後，我繼續投稿到「童話小屋」和其他報社，也依舊參加各種作文比賽。我的成功率提高了不少，文章常被報紙刊登或得獎。

但是，當這樣的日子成為習慣，我又在不知不覺間被逼入角落。「明天報紙上會刊登我的文章嗎？」每天晚上我都為了這問題憂慮得難以入眠。

而且，我愈來愈在意送報紙的聲音。在萬籟俱寂的清晨，只要聽到報紙投入信箱的聲音，我就會立刻驚醒，慌忙從床上爬起來，從信箱拿出報紙，瀏覽「童話小屋」專欄和其他投稿欄位。

如果上面有我的名字，我就會高興地去叫母親起床。如果沒有，我就會十分沮喪。為了鼓勵自己，我還必須認真分析我究竟哪裡做得不好。

某方面來說，那些日子過得非常刺激。因為母親的注意力終於從弟弟身上轉移到我這個「天才」身上了。為了引起母親的關注，我必須繼續努力偽裝成「天才」。

每次寫完稿子，我就會跟母親一起搭車去郵局買郵票。回來的路上，她會買些我喜歡的零食。我非常喜歡那段旅程。

用膠水黏信封時，我總在心裡默默地祈禱文章能被刊登，再把信投入附近的郵筒。

我的小學生活大概和一般的小學生大不相同。因為不瞭解同儕關心的話題，我在學校顯得格格不入，最終成了被霸凌的對象。但我並不在意。因為我賴以生存的世界在報紙中，在四百字的稿紙中。

跟我不一樣，弟弟長成了一個天真無邪的普通男孩。他每天和朋友一起打棒球、踢足球，皮膚被晒成小麥色。他的身影有時看起來很刺眼。除了課業和上各種才藝班，我只能窩在家裡寫作業或寫文章。

就這樣，我與眾不同的小學生活結束了。

如果我能像弟弟那樣做個普通的孩子，該有多幸福啊。如果我可以像一樣年紀的女孩那樣，聊聊喜歡的偶像或心儀的男孩，那該有多好啊。

但是，那時我的眼裡只有母親。母親總是提醒我，她比我承受了更多的痛苦，為了我們放棄了許多事物。是的，她所做的一切都是為了我們。

而我有很多武器——我的人生還很長，我還是個孩子。所以我注定要替母親過上理想的人生，變成她期盼的模樣。這就是我的使命。那時的我把母親的人生和自己視為密不可分的整體。

剛開始，一切都很順利，「童話小屋」專欄多次刊登我寫的童話。直到某天，突然發生了一件出乎意料的事。那天我像往常一樣翻到「童話小屋」，發現上面刊登的竟是一篇小四生的作品。母親面色陰沉，看起來很不高興，我著急得腦袋一片空白。

我當然不是「天才」，只是一個努力偽裝成天才的小丑。我的武器只有「小孩子」這個身分，以及比其他人好一點點的寫作天賦。我深知平凡的我如果失去了這個身分，就沒有任何優勢。幼稚和天真有時甚至是能撼動整個世界的強大武器。

從那之後，「童話小屋」就時常刊登那個不知道從哪裡冒出來的小四生寫的文章。我全身無力，不知該如何是好。母親失望的眼神好像在無聲地宣告我將被遺棄，讓我感到恐懼。我不是一個沒用的孩子！絕對不是那樣的孩子！我在心裡安慰自己，並開始比以前更加努力地向各家媒體投稿。

不知從何時起，我殺死了內心的那個女孩，為了我最愛的母親而拚命往前狂奔。如果無法滿足母親的期待，我就沒有存在的價值。因為那樣活著沒有任何意義。

第三章　功能失常的家庭

颱風夜的兜風

自由撰稿人鶴見濟一九九三年出版的暢銷書《完全自殺手冊》中，有句話令我至今難以忘懷。

它並不是出自正文，只是前言中的一句話。鶴見濟提到，一九八〇年代末曾流行「末日」風潮，人們認為世界將走向終結。他引用了漫畫家尻上壽的著作《破曉》（夜明ケ，白泉社）中的一句話──「我一直在等待一次大爆發。」可是不管怎麼等，大爆發都沒有到來。因為世界沒有終結，所以只能去做「那件事」。

「爆發」這個詞給了我很大的衝擊，一直在我的腦海中揮之不去。我想，我的父母是不是一直在期待一次大爆發。是的，他們在期待能徹底毀滅我們家的機會。

宮崎的颱風非常頻繁。每逢颱風天或暴雨天，我的父母總是心神不寧，情緒高漲，顯得異常興奮。現在想來，恐怕是因為他們在期待我們家的大爆發吧。

宮崎有條名為「大澱川」的河。大澱川常常決堤，因此周圍的人家常常會遭遇洪患。每次颱風來臨，我們全家人會圍坐在電視前，看著電視上不斷出現的大雨、颱風警報。播報員神情嚴肅地念著老生常談的句子：「請留意山崩，不要外出。」我發現事態愈嚴重，母親的眼睛就愈有神。雨勢愈來愈大，父親對母親說：「我們出去看看吧。」

穿著睡衣的我揉了揉惺忪的睡眼，頂著傾盆大雨坐上停在車庫裡的銀色奧德賽。母親和弟弟也跟著上了車。

外面一片寂靜，家家戶戶都門窗緊鎖，無人外出。在肆虐的暴風雨中，父親發動引擎，我們的車安靜駛出車庫。

只要發生災害，即使是深夜，父親也會開車載我們去災區看看，這是我們家的習慣。父親一般只有平日晚上才在家。週末有時因為工作不在家，有時因為打高爾夫球或釣魚等原因不在家，所以我對深夜外出的經歷印象非常深刻。

颱風天是特別的日子。只有在那個時候，我可以不用寫作業，也不用念書。載著我們一家人的車在市內漆黑的道路上孤獨前行，新建住宅區的坡道在我們的視野中逐漸遠去。這是夜間兜風的瘋狂開場。

我從被雨打得劈啪作響的車窗往外看，看到被水淹沒的房屋和不知所措的人們。我們的車故意放慢速度，從他們身邊緩緩駛過。紅綠燈在黑暗中閃爍著。

不知為何，我覺得那是無與倫比的夢幻情景。我感受到父母的興奮和愉悅，心裡也充滿了天真的喜悅。

車子駛過積水時，輪胎濺起水花，發出「嘩啦」聲。我喜歡輪胎劃破水面的瞬間，像極電視裡出現過的水陸兩用車在水中行駛的樣子，充滿冒險的氣息。

我們就這樣凝視著坡道下的城市，繞著街道兜風。颱風是唯一能為我們寡淡無味的日常生活帶來刺激的腎上腺素。那樣的日子對我們來說堪比晴天。

在年幼的我眼中，災害意味著不平常的世界。因為發生災害的夜晚不同尋常，外出兜風會讓我產生特別的興奮感。現在想起那段日子，湧上心頭的複雜情緒讓我不由得渾身顫抖。那些受災戶和痛苦的人在我父母眼中，不過是車窗外的娛樂，而年幼的我竟然也天真快樂地享受著那種感覺。每每想到這裡，一股難以言喻的罪惡感便會湧上心頭。

兜完風，父親總是把車停在可以俯瞰整個城市的高處。我曾經問母親：「媽媽，他們會怎麼樣呢？」

「他們的房子都被水淹了，家就要沒了吧。我們家住在高處，放心吧。」母親繼續說著令人難以置信的話，「還好沒在那裡買房。」

每每發生災害，她都會叨念這句話。在無數個颱風夜外出兜風時，她像吟誦咒語般，一遍又一遍地喃喃著。這是宣告兜風結束的固定台詞。他們總是心情很好，父親有時甚至會高興得哼起歌來。

父親不厭其煩地在車裡循環播放吉田拓郎的〈我們結婚吧〉，他們一遍遍哼唱著。他們的婚姻早就瀕臨破裂，那時卻一起笑著，彷彿回到了青春時代。作為小孩，我無法理解他們的快樂。

我們在街上繞了一圈，然後回到位於高處、絕對不會被水淹的家。晚上十一點，兜完風的父母心情好極了，但汽車的搖晃讓我想睡，我總在回家的路上就打起瞌睡。

引擎熄滅。我們的車停在一棟普通中產家庭居住的，價值三千萬日圓的兩層樓住宅前，這就是我們的家。

我總覺得我家地下恐怕聚集著一股洶湧的怨氣。為了鎮住這股怨氣，我們才必須在颱風天舉行這樣的「儀式」。以前我在電影裡看過這樣的情節：人們為了不讓潛伏在洞窟裡的惡魔出來，會定期舉行儀式將其封印。我們家一定也潛藏著看不見的妖邪。

說到颱風天的情景，我突然發現一個問題。母親的口頭禪——「還好沒在那裡買房」，真的是她的真心話嗎？位於高處的家，真的讓她感到幸福嗎？

我的父母其實都希望這個世界徹底毀滅吧。他們是不是很羨慕那個被水淹沒的世界呢？

一九九〇年代，在我正處於多愁善感的青春期時，發生了很多動盪不安的大事，例如奧姆真理教事件、阪神大地震、酒鬼薔薇聖斗事件等。每次發生那種事，我總覺得母親格外興奮，眼裡甚至閃著光。

「死的人愈來愈多了。」

母親始終關注著新聞。她希望某種力量能帶她離開這無趣的牢籠——這棟有著庭院的獨棟住宅。也許她希望能在電視上找到預兆。

世界快毀滅吧。受到母親的影響，我不知不覺間有了和她一樣的期待。這足以說明那時我們有多痛苦，某些即將爆發的情緒隱隱沸騰著。

因此，我認為社會學家宮台真司在一九九〇年代提出的「無盡的日常」這個概念，只不過是內部充斥著瘋狂情緒的無盡地獄的別名。

如果人生重來

我們一家人很奇怪，例如颱風天會外出兜風。父親常在休假日帶我們出去旅行。旁人都很羨慕，但實際上那並不是人們想像中的和樂融融的家庭旅行，因為我們旅行的目的地往往是各種災區。

一九九一年，長崎的雲仙岳火山爆發，造成四十三人死亡或失蹤。我們一家從遙遠的宮崎開車去長崎一日遊。

土石流在大地上殘忍地流淌著，留下無數痕跡。人們的日常生活被擁有壓倒性力量的大自然破壞殆盡，房屋被四處滾落的瓦礫掩埋。強大的暴力毀滅了一切。但對身為小學生的我來說，一切都很難理解。我還以為那是瓦礫堆成的山。

我們到達災區時，母親雖然表情嚴肅，但掩飾不住興奮的心情。現在想來，真是超現實的景象。

「這裡的房子一瞬間就被沖走了，真可憐。」

母親用誇張但事不關己的語氣小聲叨念著，和颱風天舉行「儀式」時的情緒一模一樣。對母親來說，看著這些災難都是隔岸觀火。

我不可思議地看著母親。但對小孩來說，路邊賣的冰淇淋比災後的慘狀更值得關心。我難得向母親提出請求，她那時心情很好，就買了一盒冰淇淋給我。

回家途中，我們去泡了溫泉。一路上四周一片漆黑，漫長的旅途令我疲憊不堪，我就在車上睡著了。

母親為這趟旅行準備很多零食。不僅如此，去上廁所也會順便去便利商店為我們買喜歡的零食。我們一邊在車上卡滋卡滋地吃著各種零食，一邊透過車窗看著外頭悲慘的景象，母親的臉上始終掛著微笑。那時我不明白，為什麼父母要花幾小時特地跑到災區去。

長大後，我猜想，也許是因為那樣的景象能帶給父母一種強烈的現實感——我們還活著。

在長時間的旅途中，車上播放的一首首歌曲讓我印象深刻。有井上陽水、吉田拓郎、南高節等人的歌，他們都是父母青春時代的代表性歌手。母親特別喜歡井上陽水，尤其愛聽〈如果人生重來〉（人生が二度あれば）。這首歌一遍又一遍地陪我們穿過城市和群山。我至今依然記得母親眼神迷離地哼唱著「如果人生重來」的模樣。母親常常拉著我和她一起唱。我唱歌的時候，她總是高興地笑著。為了看到她的笑臉，我總是故意在車裡放聲歌唱。

〈如果人生重來〉這首歌在唱的，就像是忙於工作和育兒的父母的人生，裡面的經典歌詞或許就是母親心境的寫照吧。

我相信，母親一定希望人生能夠重來。作為公務員的妻子，她有安穩的地位，但這種沒有盡頭的安穩，某方面來說也象徵著頹廢。

母親恐怕比任何人都迫切地希望這個世界可以毀滅。她究竟想破壞什麼呢？也許就是她的人生。

有裂痕的玻璃是無法復原的。母親一定非常厭惡、憎恨自己的人生，甚至會詛咒自己的命運。這場婚姻是錯誤的。如果人生能重來就好了。但瘋狂轉動的齒輪早已無法停下。

為了逃避婚姻生活，母親迷上很多事物。她比誰都喜歡靈異故事，還沉迷於新興宗教。一九九〇年代末，諾查丹瑪斯大預言很流行，那時她對此非常感興趣。

彼時綜合電視節目常播放關於諾查丹瑪斯大預言的特輯。母親幾乎看遍所有相關節目。只要電視上出現相關內容，她就會將眼睛睜得大大的，聚精會神地盯著螢幕。

「久美子，要是諾查丹瑪斯大預言是真的，這個家說不定會消失，我們也會死掉。」

我無數次聽到母親說著關於諾查丹瑪斯大預言的事。當時我信以為真，悲觀地以為世界就要完蛋了，有時甚至會哭出聲。

但與滿腔悲壯的我相反，母親說起大預言時兩眼光亮，十分喜悅。她非常希望大預言是真的。巡視颱風天被水淹沒的房屋，巡視經歷了大型天災的災區，相信諾查丹瑪斯大預言，愛看諾查丹瑪斯大預言的特別節目，是因為她比誰都期待那個改變世界的大爆發出現。

就像在電影院裡看到的怪獸哥吉拉，瞬間就能把東京街道夷為平地。母親恐怕就是在等待這樣的一幕出現。

但是，當時我並沒有察覺到我們一家的異常。可能是因為一九九〇年代的人生活艱困，或多或少都有些渴望毀滅的心理。

遺憾的是，母親渴望的終結並沒有到來。諾查丹瑪斯大預言提及的一九九九年七月，什麼都沒有發生，世界並沒有毀滅。一九九〇年代的奧姆真理教事件和阪神大地震都離住在九州的我們太遠了。

我們的日常生活平靜得有些詭異。是的，正如鶴見濟所說的，我們瘋狂的日常生活就像沒有高潮的午間連續劇一樣無趣，並且持續上演著。

我們家新建的獨棟住宅好像一個巨大的容器。生活在這裡，母親變得更加破碎，我們也疲憊不堪。但誰都沒有發現這種內部崩潰，逐漸變得愈來愈嚴重。

沉迷於新興宗教的母親

二〇二二年七月，前首相安倍晉三被山上徹也襲擊，舊統一教會成了當時的熱門話題。人們這才開始熟知「第二代信徒」[3]這個概念。

我和山上徹也一樣，也是個「第二代信徒」。大概從我剛懂事起，母親就迷上一個規模很小的新興宗教。現在回想起來，我覺得最主要的原因是她跟父親不和。宗教填補了母親內心的空虛。

童年時期，我每天都會按照母親的吩咐，虔誠地向家裡的小神龕祈禱。簡單來說，那個宗教的教義就是相信世上存在一個創造宇宙、掌管一切的神，人們必須全心全意地向它祈禱。

孩提時期，母親的話是絕對正確、不容置疑的。母親強迫我每天都要到神龕前祈禱。我們沒有告訴父親這件事。

「不要跟爸爸說。絕對不能說。要是說了，他會不高興。」

母親不厭其煩地叮囑我，在父親面前絕對不能提到宗教，也不能在父親面前祈禱。父

3 日文「宗教二世」，指宗教狂熱者的第二代。

親去上班後，母親才會指揮我們行動：「你爸終於走了。久美子，來祈禱吧。」我和弟弟便一起跪在神龕前低頭合掌。這一幕在別人看來恐怕有些詭異。

不管發生什麼事，我們每天都要祈禱。即便是週末，我們也會趁父親外出時認真祈禱。小時候，我天真地把這樣的活動當作好玩的遊戲。這是只有我和母親、弟弟知道的祕密扮演遊戲。我無比高興地向神許了很多願。

請保佑我投稿的文章被報紙選用吧。請保佑我參賽的作品得獎吧。請保佑我不要被拋棄。請保佑我能滿足母親的期待。請保佑父母不要再吵架。小時候，我深信神會滿足我的願望。

有時母親還會帶我去教團參加驅邪儀式。不幸中的大幸是，母親信仰的宗教不像近年來引起軒然大波的舊統一教會那樣，把我家的財產全部捲走。它是神道教系的新興宗教，雖然沒有邪教的惡行，但母親的過度沉迷也讓我飽受折磨。因為她認為我能成功都是神明顯靈的關係。

「久美子的文章能在報紙上刊登，都是因為你每天祈禱，神保佑了你呢。」

但事實上，那是我花費無數心血努力寫作的成果。母親絕不會承認這點。不，應該說，就算她多少認可我的努力，也還是會覺得一切都是神的恩賜。

年紀愈大，我心中那種深不可測的無力感愈令我痛苦。我渴望母親的愛，但母親從未給過我一絲一毫。

後來，我開始懷疑母親狂熱的宗教信仰。

每當她遇到困難，她就會花一大筆錢布施，每個月還會堅持捐贈一些錢給教團。這種無用的花費到底要持續多久呢？讀了很多書後，我不由得開始思考這個問題。但母親從未有過放棄宗教的想法。我只要稍稍提到對宗教的懷疑，她就會勃然大怒。她總會告訴我某些不再信仰宗教的人生活變得一塌糊塗的事。愈懷疑，她就愈沉迷。

如果說母親沉迷的是新興宗教，那麼父親其實也沉迷一種「宗教」。

父親沉迷的，並不是我們知道的那種宗教——他異常崇拜作家村上春樹。父親對村上春樹的感情和母親一樣，稱得上是一種宗教信仰。信仰「春樹教」的父親崇拜村上春樹，甘願用自己的人生踐行春樹的理念，沉醉其間無法自拔。

我可以斷言，正是因為各有各的信仰，我的父母才能在這段冷漠的婚姻關係中維持著恐怖平衡。不，也許是因為神的存在吧。

母親的瘋狂與無聲吶喊

父親一直很焦慮。如果他想出人頭地，就要先從一般教師升到教務主任，再一步步升為副校長、校長。因此，他平時除了要管理好班級，還要努力準備升職考試。

當然，他也可以一輩子都只做普通老師。聽母親說，有些老師對成功沒什麼興趣，他們選擇優先考慮家庭生活，珍惜和孩子相處的時光。

但父親是想獲得成功的那種人。他認為只有升職才能證明自己的價值，所以父親總是很焦慮，把自己關在房間裡拚命讀書的時間愈來愈長。正因如此，他的升職之路非常順利。

客觀來看，父親雖然是小學老師，但那不過是他用來糊口的工作，他並不是打從心底喜歡孩子的人。

我讀小學的時候，如果老師想升職，除非特別優秀，大部分的人都要先被派到偏遠地區一段時間。對家庭幸福的人來說，與家人分離的工作調令並不令人期待。但我家的情況剛好相反。

偏遠地區的獨居生活是父親求之不得的機會，他終於能離開這個冰冷的家，自由地生活。母親恐怕也是一樣的想法。他們兩人的看法在這方面出奇地一致。

我至今都忘不了父親接到調令時，母親的表情。

「學校派我去外地的某某學校工作。」

聽到父親這麼說，母親高興地兩手高舉。

「哎呀，太好了！」

母親滿臉笑容，我以為她是因為父親即將升職而高興，其實是因為父親有幾年都不會在家。

看到母親高興的樣子，我也很開心。那時我的喜悅和母親是一體的。父親決定到外地工作那天，全家久違地開車到餐廳吃晚餐。對母親來說，父親只是個沒用的包袱吧。恐怕從那時開始，我的家庭就已經破裂了。但父母為了不留下離婚的汙點，寧可在氣派的獨棟「監獄」中扮演家庭和睦的恩愛夫妻。

那年三月末，父親開著滿載行李的車到偏僻的山村就任。從那以後，我和母親、弟弟的三人生活便開始了。

父親離家後，母親的心情變得很好。我每天早上去上學，中午回家三人一起吃午飯。但不久後，母親又突然像變了個人一樣。

一旦有什麼事惹她不高興，她就會立刻激動地從廚房裡拿出菜刀胡亂劈砍。這種事時常在深夜裡發生。

母親最常用的是廚房刀架上，那把刀尖有點生鏽的菜刀。她一邊咆哮著「把你們都殺了」，一邊追著我們到處跑。

她手中的菜刀在我身旁落下，發出唰的一聲，似乎要劈開空氣。我很害怕，但能做的只有哭泣。我的鼻涕和眼淚流得滿臉都是，為了保住性命，只能本能地拚命吶喊：

「媽媽，不要！」

但不管我怎麼哭喊，母親還是毫不留情地用蠻力揮舞著菜刀，像是要劈開這支離破碎的家庭。父親到外地工作後，這種事不知道在家裡重複上演了多少次。

為什麼母親要對我們拔刀相向呢？母親認為這種無法抑制的暴力傾向是更年期的症狀，試圖以此來為自己辯解，但那不過是她編造的脫罪藉口罷了。

我認為真正的原因，是母親的過度不安。而導致她不安的最大原因，是我們和她之間權力結構的巨變。

隨著時光流逝，我的身材愈來愈高大。我和一樣年紀的人比起來發育得早，小學五年級身高就超過母親了，和成年人差不多。這是我跟弟弟唯一能夠對抗母親的資本。母親已經不能憑藉大人的力氣隨意操控我們，也許她感受到了威脅。

她在家裡的地位也隨之發生微妙的變化。如今，她再也不能對我實施肉體上的暴力。母親的絕對支配地位就是從那時開始動搖的。她大概是打從心底害怕權力結構的逆轉。

那時又恰逢父親到外地工作，在無力的母親看來，這也是對她的背叛。如今，她是這個家裡唯一的大人，她只能抓住自己最後的一點力氣向孩子們宣示權威。母親每次發狂都像是心血來潮的行為，明明上一秒還在笑，突然就臉色一變，開始發瘋作亂。

母親積累太多無處宣洩的能量，包含她一無所有的人生中，深沉的悲傷與憤怒。某天，她突然爆發了。

我正在看電視，本來在洗碗的母親突然把盤子摔在地上，拿著菜刀跑出客廳，瘋狂大喊：「這生活我忍不下去了！」

母親討厭做飯，也不想當家庭主婦，但她必須忍住煩躁、待在廚房裡。她抱怨過成千上萬遍，我聽得耳朵都要長繭了。

我們家的廚房位於房子西側，和餐廳的方向相反。母親總是背對著我們做飯。廚房是強制母親勞動的痛苦之地，生鏽的鍋、積了灰的碗、堆成山的髒杯子……那個潮濕昏暗的角落是光照不到的地方，具象了母親的尖叫。

菜刀發出「哐哐哐」的響聲。

母親本就遺傳了家族皮膚敏感的毛病，還因為常年洗衣做飯，手指長了主婦常有的濕疹，常因為出血而去看醫生。

母親的手指因為經常抓撓，不僅粗糙，而且脫皮嚴重，看起來很怪異。以孩子天真而殘忍的眼光來看，她的手指長得有點噁心。我看著母親沉默的背影，內心被罪惡感和愧疚感來回拉扯。

母親雖然會抱怨，但還是為了維持這個已成空殼的家而不得不站在廚房裡，忍耐著劇痛完成做飯這個苦差事。

一切都是我的錯，都是因為我，母親才被囚禁於此。

廚房裡充滿母親的怨念。母親的恨意在這裡形成一道看不見的旋風。陰暗的廚房中出現了一把菜刀，它如同死魚的眼睛一般幽黑，因為長期使用而被磨得光亮，蘊含著母親長年的怨念。

那把菜刀不由分說地向我砍來。父親不在家的時候，身為孩子的我和弟弟必須面對母親的瘋狂。夜晚的住宅區很安靜，殺人事件即將上演，我和弟弟參與其中，就像在參與一場生死攸關的死亡遊戲。

「全都毀滅吧！」這是母親無聲的吶喊，也是她的反叛。她希望一切毀滅，她渴望得到解脫。

刀尖反射著客廳慘白的燈光，瞬間讓我頭暈目眩。我和弟弟立刻察覺到母親的歇斯底里，拚命往房間逃。但母親窮追不捨，不管逃到哪，她都跟在我們身後。

我們發現一樓無處可躲，便看準時機逃向二樓，想回到自己的房間裡。如果藏在一樓，遲早會被母親找到，和她拉扯的時候難保菜刀不會砍在我們身上。

母親一定是在某個時刻突然覺醒，發現菜刀才是她唯一的武器。我和弟弟被她追著跑，只能束手無策地逃跑。

我們四處逃竄，躲避揮舞著菜刀的母親。

爬上昏暗的樓梯逃向二樓，她一定也會追來。啪嗒、啪嗒、啪嗒。那是拿著菜刀的母親的腳步聲。我的心怦怦直跳，因為那是象徵死亡的腳步聲。不知情的人看到這景象，大概會以為這是恐怖片裡的場景。母親試圖打開門鎖，發出「咔嚓咔嚓」的聲音。

「媽媽，拜託你，不要進來！」

「不能開門，會被殺掉的！」

我這樣吩咐比我小四歲的弟弟，然後屏住呼吸等待暴風雨停息。嘗到刀具威力的母親，似乎更加堅信刀就是能夠控制我們的武器。

死亡遊戲

母親能看穿並攻擊別人的弱點。她不僅有力氣，而且不管處於怎樣的劣勢，她都有能將我們一擊斃命的武器，她依然是家裡最強的統治者。即使她的力氣變弱了，對付我們也綽綽有餘。

我想起和母親很像的虛擬角色——殭屍遊戲中的boss。

那時候生存恐怖遊戲「惡靈古堡」很流行，我很喜歡那款遊戲。遊戲最後的關卡會出現一個擁有壓倒性力量的boss。只要稍微受到它的強力攻擊，遊戲就會立刻結束。

當你好不容易擊敗boss，鬆了一口氣，卻發現boss在變形。我睜大眼睛仔細看，原來boss的身體變大了，變成了更可怕的形態。

沒錯，遊戲裡的boss進化到了第二形態，擁有比之前更加強大的力量，對玩家發起猛烈的攻擊。我一時跟不上突變的攻擊節奏，被進化後的boss擊中，遊戲就結束了。那時的遺憾和無力感歷歷在目。

我發現母親和那個boss一樣，也有第二形態。母親頭上的白髮愈來愈多，皺紋也不斷增加。她的力氣早就不如我和弟弟大了，但是拿到刀之後力量便增強，就可以再次對我們發起攻擊。第二形態的母親所向披靡。

她的攻擊愈來愈猛烈，我和弟弟只能被她玩弄於股掌之間，毫無還手的機會。

但是，當時的我還不知道母親的恐怖程度遠遠不止於此。她還有第三形態、第四形態。在她死亡之前，形態可以隨意升級。即使外表看起來已經如同枯木一般，也能持續增強力量，攻擊我們。

母親清楚我們的一切弱點。她知道我們渴望母愛，於是駕輕就熟地控制我們，給予我們名為愛與認可的甜頭，也給予我們名為厭惡與忽視的鞭打。

如果是玩遊戲，可以重來數百次，尋找boss的弱點。但是人生和遊戲不同，人生只有一次，沒有重來的按鈕。遊戲結束便意味著死亡。

面對母親進化到第二形態的壓倒性力量，我只能如同被殺人魔追逐一樣，四處逃竄。那時母親滿臉怒氣，但就在我哭著以為完蛋了的時候，她的表情又突然僵硬得如同般若[4]，有時候還會突然笑起來。

我很害怕這樣的母親。我總是想像著滿屋子都是血的慘劇——我和弟弟筋疲力盡地倒在地上，母親被員警帶走，電視或報紙報導著「新建住宅區凶殺案」。

4 日本能劇中有一款面具名為「般若」，象徵因嫉妒與怨念變成怨靈的女性。

我知道，如果真的有這樣的新聞，就代表我們已經沒命了。所以我不可能親眼看到。想到這裡，我不禁悲從中來。我從未像那個時候一樣，需要一個值得信賴的大人的幫助。

鄰居一定常聽到母親不尋常的怒吼聲，也隱約察覺到發生了什麼事，但新建住宅區的居民冷漠得可怕。就算母親揮著菜刀發瘋，也不會有人來幫忙。父親獨自到外地工作去了，自然遠離了家庭紛擾，我們也無法向他傾訴母親的事。

我們孤立無援，只能一次又一次從母親的手中逃脫。在母親恢復理智前，我們只能想辦法在家裡找地方躲起來，自己保護自己。

這場賭上性命的死亡遊戲只有一種通關手段——時間限制。只要忍耐到早上就好了。一到早上，母親就會恢復如常。不知道是不是因為陽光照進來的時候她便體力不支了，她的表情會突然改變，好像附身的妖魔鬼怪離開了一般，像個沒事人一樣笑著去幫我們準備早餐。

看到母親那樣子，我和弟弟雖然心裡仍七上八下的，但終於能鬆一口氣，然後揉著睡眠不足的雙眼去上學。

現在想起那段時光，我還是覺得害怕。假如當時被母親刺中了，只要她偏了一公分，我現在就不在這裡了。

只有我和弟弟知道母親的瘋狂。在父親離家的日子裡，我們兩人拚盡全力才在母親瘋狂的行徑下存活下來。我甚至想誇讚那時的自己。

第四章　學校階級的最底層

被全班霸凌

升上小學高年級，我周圍的環境發生了天翻地覆的變化。因為從那時起，我遭到了霸凌。其實之前我在班上就有點格格不入，現在想來，都是我自己造成的。

我小學時總是穿著男版短褲，搭配親戚家兒子不要的破爛長襯衫，還剃了寸頭。我認為這一切都是源自母親對女性的憎恨和嫌惡，這種情緒如今被稱為「厭女」。不只男性，女性群體也有這樣的情緒。

母親並不接受我的性別。她徹底地掐掉了我女性身分認同的萌芽。

她常常把「女人都是骯髒的」、「女人就是愛背叛」之類的話掛在嘴邊。我至今依然不明白為什麼母親這麼厭惡女性，也許她的成長過程中隱藏著什麼祕密。我記得在她童年的時候，她的姊妹獨占了外公、外婆的愛，後文會詳細講述這件事。也許她就是因此而產生了厭女的思想。

作為母親的第一個孩子，我是個女孩。母親之所以虐待我，恐怕也是因為扭曲的女性觀念。

我一直憧憬著成為一個漂亮女生。班上的女孩子們都可以自由地把飄逸長髮染成栗色，搭配漂亮的裙子，有時還能披著長髮，穿流行的刷破牛仔褲。但母親不允許我像女孩那樣打扮。

我無法參與同學們的話題，她們喜歡的明星、心儀的異性、最新流行的服裝款式，我全都不懂。小學三、四年級的時候還勉強過得去，大家都還小，很多事不拘小節。但升上高年級，進入青春期的同學們身材、樣貌都開始發生變化，愈是感情細膩的時期，大家對人與人之間的差異就愈敏感。

我就讀的小學是縣內屈指可數的名校，我的同學們在家裡感受到的壓力遠遠超過一般的小學生。因此，他們需要一個能讓他們發洩情緒的犧牲品。

將壓力鍋加壓，壓力會集中在最脆弱的地方。母親虐待我也是同樣的道理。因此，外貌與眾不同的我，幾乎立刻就成了同學眼中的靶心。

小學五年級，我進了新的班級，最先排斥我的是女同學們。一開始只是一些微不足道的小事——有人當面罵我「怪人」、「好奇怪的衣服」、「噁心」。後來，她們的行為影響了全班同學。

女生團體裡的核心人物有一點小聰明。在她的引導下，以前沒在關注我的女生也開始有意識地無視我。這是小孩之間殘酷的遊戲。從那之後，班上的女生不再理我。

男生團體的核心人物跟她的關係也很好，沒多久，這種故意忽視我的風氣就蔓延到了全班。甚至有些隔壁班的同學聽說這件事，也開始加入霸凌的行列。對他們來說，我是個連垃圾都不如的東西。

「人渣。」「垃圾。」「去死吧。」「噁心。」「細菌，滾一邊去。」在走廊上和別人擦肩而過時，遭到辱罵早已是家常便飯。

但我和一般人不太一樣，我從不覺得被霸凌有什麼不能理解的。因為童年時期就受到母親的冷落，我早已習慣別人的視而不見。所以，我很快就接受被霸凌的事實，這是我從小在母親的虐待下學到的處世之道。

不管別人對我說了多惡毒的話，不管別人怎麼無視我，只要保持麻木就好。不知從什麼時候開始，我學會以無心的態度看待一切。這樣就不會有任何感覺了，就像被母親虐待那樣，讓意識飛離肉體。但現在回頭看，我那時並不是沒有感覺，而是心口的傷密密麻麻的，連重新站起來的力氣都沒有。

下課時間，只要我靠近，周圍的同學就會笑著用誇張的動作逃開。我像是什麼細菌，要是誰被我沾到，就會被感染，淪為我的同類，墜入我所在的階級。班上的同學都害怕和我一樣被全班排擠，因此紛紛加入這場殘酷的遊戲。

同學們不允許我接近任何人。有次，我只是想把講義遞給一位男同學，沒想到才靠近，他就大喊「別過來」，然後猛地踹了我一腳。同學們對我的排斥程度愈來愈深。

最難熬的是午休時間。中間下課時還好，但在近四十五分鐘的午休時間裡，大家都會去找自己的朋友。午休時間本來應該是短暫解放的愉快時間，對我來說卻是最痛苦的時間。

班上沒有人願意跟我玩，在那段漫長的時間裡，我就像一塊餌料，吸引別人前來霸凌。怎麼度過難熬的時間是個巨大的難題。

我唯一可以躲避的地方，就是圖書館。

午休時裡頭空蕩蕩的，一個人也沒有，我總是窩在那裡看書。我特別喜歡跟動物有關的書，比如椋鳩十的系列作品、西頓的《動物記》、法布爾的《昆蟲記》，也讀一些江戶川亂步的推理小說。

動物的世界不會像人類一樣充滿惡意。只有書本是我的好朋友。意識徜徉在幻想的世界中，我就能逃離令人痛苦的現實。在學校這個無處可逃的封閉空間裡，圖書館是唯一通往外界的出口。

圖書館裡的書多得讀不完。我沒有別的地方可去，那裡是我唯一的避風港。只要埋頭在書本的世界裡，我就能讓靈魂脫離被束縛的軀體，得到真正的自由。

圖書館外偶爾會傳來足球被高高踢起的聲音，和男孩們在操場上奔跑的聲音。穿堂而過的微風吹動窗簾，揚起地上的塵土。回憶小學生活，我總會想起從圖書館窗戶往外看到的種種景象。

我的自尊在母親的玩弄下，早已潰不成軍。在學校也一樣，被當作沒有人權的出氣筒。我一直以為這是理所當然的。

就這樣，我在毫無自我認同的環境中一天天長大。

小學畢業前兩年，我一直在忍受霸凌，但我的忍耐已經接近極限。因為升學的日子近在眼前，這是我最害怕的事。我明白，上國中後，霸凌還會繼續，我還要遭遇一樣的經歷。不，這種預測恐怕太樂觀，霸凌只會愈來愈惡劣。

我們學區的國中規模很大。小學畢業後，多數學生都將升上同一所國中。到那時，我一定會遭到同儕更加惡劣的霸凌。而且聽別人說，國中的前後輩關係更加嚴格。我一定會被高年級的學長姐霸凌。

和國中相比，小學的經歷恐怕只能算是試水溫。一想到未來昏暗無望的生活，我就害怕得雙腿僵硬。我不想上國中。不，我不想再活下去了。我每天都在想著如何死去。

想死。想死。想死。想死。

這兩個字在我腦海中颳起一陣旋風。

臨近小學畢業的那段日子，我的憂鬱愈來愈嚴重，以致食不下嚥。某天早上，我發現自己沒辦法爬出被窩，身體像鉛塊一樣沉重。身體如此，情緒亦然，一想到學校的事情，我就失去力氣，開始無法控制地發抖。

一開始，母親責備我只會偷懶，她一把掀開我的被子，強行把我送去學校。後來她隱約察覺到似乎有什麼隱情，於是問我學校裡的情況。她既然問我，我只能對她說實話。我向她傾訴了這兩年遭遇的霸凌，還有對上中學後霸凌升級的擔憂。

母親聽完，當場就崩潰了。她似乎從沒想過自己的孩子會在學校裡遭遇霸凌，於是決定讓我暫時不要去上學。現在看來，母親的決斷並沒有錯。我的身心早已遍體鱗傷，沒辦法再去學校了。

雖然我努力不把任何事放在心上，但霸凌實際上讓我無比痛苦。現在回想小學時光，只能記起苦澀和悲傷的心情。無論我怎樣掩飾自己的內心，強裝鎮定，長久的霸凌還是讓我的內心發出痛苦的悲鳴。

正如水滿則溢，人內心的情感也會溢出來。我的心早已在不知不覺間被傷害得無法修復。

從那天開始，我不再去上學。我再也不用接觸過於殘酷的霸凌環境，這是唯一能拯救我的辦法。

「繭居」生活的開端

不去上學後，我每天都窩在家裡，盡情放鬆疲憊不堪的身體和心靈。

那時發生了很多事。我父母憤怒地譴責學校放任霸凌行為。母親醉心於悲劇主角的身分，痴迷地扮演著一個女兒慘遭霸凌的母親。

母親毫無保留地表現出「怪獸家長」的做派。雖然導師放任霸凌是事實，但母親的怒火遠超常理。我多次看到年輕的班導跪在我家玄關瑟瑟發抖的樣子，但到了母親面前，我什麼也說不出口。

「久美子，要不要去上私立學校？」

拒學一個月後，母親提出了這樣的建議。她遞了一本花花綠綠的小冊子給我，那是縣裡少有的國高中一貫制知名私立中學的入學指南。看來，她還沒放棄讓我這發煙火一飛沖天、逆風翻盤的想法，時刻緊盯著逆轉的機會。

當時我自己也覺得去讀私立中學有好處。一般來說，我們那裡的小孩大多數都會讀當地的公立中學。和東京這樣的大城市不同，我們的升學選擇少得令人震驚。我害怕讀當地的公立中學，所以母親的提議對我來說並不壞。於是我按照母親的安排，參加了一所離家有點遠的私校入學考試。

考試難度很高，但我順利通過了。之後，我考上私立中學的事又被母親拿來向人炫耀。

「我家小孩要去讀私校了，那裡的教育水準完全不同。我才不會把孩子送去有問題的學校。看，連校服都這麼漂亮。」

母親向鄰居和外公、外婆展示宣傳冊子，封面上的女孩子們穿著世界頂級設計師設計的校服，笑容開朗。

不過，我很快就痛苦地感受到那些笑容背後的真面目。當然，那時的我對未來還一無所知。

那所私校離家很遠，所以往返只能由母親開車接送，或轉好幾班公車。對我來說，母親的決定絕對沒有反抗的餘地，而我也願意讓母親高興。

她沒有想過自己的女兒會在學校遭遇霸凌。在危機面前，她找到了「起死回生」的方法，就是把我送進首屈一指的私立名校。對母親來說，這是人生的新階段。

隨著我成功入學，她完美達成了人生新階段。得到「女兒在私立中學讀書的媽媽」這個稱號，她可以說是欣喜若狂。而我的喜悅和母親是一體的，因此我也感到高興。就這樣，我成了母親新的裝飾品。

那時，家裡的格局也發生了變化，我終於有了屬於自己的房間。因為母親的朋友們開始流行起炫耀孩子的房間，虛榮的母親敏感地發現這個「進步」的流行趨勢，開始討厭上個時代的古板做法。

其實這一切都是母親的自卑在作祟。母親有五個兄弟姊妹，她小時候沒有屬於自己的房間，即使到了青春期，也是和別人住在一起。「自己的房間」這個詞，大概刺激到她心裡自卑的一面了。

「久美子上國中了，為了念書，還是需要有自己的房間。媽媽像你這麼大的時候可沒有這個條件。」

母親眺望著遠方，臉上露出羨慕的表情。她把三坪左右的小倉庫空出來給我用。她做什麼都像是心血來潮。從朋友那聽來的情報、當下的心情、虛榮的心態、自卑的情緒，都能讓她衝動地突然行動起來。年幼的我只能任由她不可預測的心情隨意擺布。

但唯獨這次，她的衝動對我來說是件幸運的事。得益於她的自卑，我有了自己的「城堡」。我有了自己的房間，也就讀了縣裡少有的私立中學。在旁人眼中，我的人生看似一帆風順。

排擠遊戲

沒想到，在我的「第二人生」中，還有新的悲劇在等著我。

開學典禮時，我驚覺同學都是醫師、大學教授的小孩。而且我發現他們沒有一般孩子會有的天真，有種微妙的成熟感。所以，這裡所發生的陰暗、殘暴的霸凌，遠比小學時期殘酷。

被霸凌的對象不只我一個，也有一些男生遭到了惡劣的對待。他們在某個男生的椅子上放圖釘，還把橡皮擦屑倒在他的便當盒裡。

自我認同感非常低的我，沒多久就再次成了被霸凌的對象。小學的霸凌還比較輕鬆，就算被全班同學忽視，不被當人看，只要把自己想成一團空氣就好，只要心死了就好。但中學時的霸凌全然不同。

跟小學時相反，我被同學們賦予了「人權」，但那是短暫的「人權」。升上國中不久，班上女生突然開始排擠我。我猜測是因為那時我的外表依然格格不入，但時到今日，我還是不知道確切的開端是什麼。我只清楚記得，和小學時一樣，國中的女生群體中有個掌控一切的核心人物。

隨著那個女生一聲令下，從某天起，我突然開始遭受女同學們的忽視、辱罵和孤立。說起來可能有點奇怪，但我已經習慣被霸凌了。我已經有了成功忍受小學模式霸凌的經驗。

國中時的霸凌，不再是「一面倒」的局面。

班上還有一個女生跟我一樣格格不入。和性格陰暗的我相反，她歌喉優美，夢想成為一名歌手，長相也非常漂亮。女生群體的核心人物因此對她很不滿。我和她被班上女生交替著排擠，這就是她們的排擠遊戲——今天還把我當人類，明天可能就會把我當奴隸。只有把我當人類、把那個女生當奴隸的時候，我才能短暫地重回團體中。這樣的循環反覆上演。

她們把我當人類看的時候，班上女生會跟我如常談笑，午休時我也可以跟她們一起吃便當。到了第二天，她們又突然不跟我說話。我像坐雲霄飛車一樣，在班上的階級忽上忽下，這樣的動盪把我推入了地獄。

我不知道那個讓我痛苦墜落的瞬間何時會到來。為了不被當成奴隸，我努力取悅她們，討好那個核心人物，但沒有任何效果。我的下場完全取決於別人一時興起的行為。這個排擠遊戲最大的目的，就是折磨我和另一個女生。

她們把這種殘忍的霸凌當成娛樂。每次看到我和另一個女生疑惑、痛苦的樣子，她們臉上就會浮現笑容。這是她們排遣壓力、愉悅身心的玩樂方式。

她們這樣做的原因之一，就是她們父母給的壓力太大了。直到現在，想起那所名校裡的負能量漩渦，還是讓我膽寒。

她們從國中時期開始就必須努力讀書，立志考上東京大學、京都大學等公立或醫科學校，背負著父母沉重的期待。他們的目標只有一個，就是在殘酷的升學考試中拔得頭籌，空閒的時間早就被家教或補習班塞滿。

在學校玩「排擠遊戲」，是這群「才女」唯一能釋放壓力的方式。而我就是那個被玩弄於股掌間的犧牲品。

我之所以對這種不同於小學時期的霸凌方式反應強烈，是因為我在她們身上，看到了母親的影子。

仔細想想，她們的霸凌方式和母親對待我的方式一模一樣。我曾努力想博得她的愛和關注，但她能給我的愛不僅是有條件的，還會隨她的心意忽冷忽熱。她大概也很享受用變化無常的感情來操縱我的感受吧。

班上的女生們也一樣。她們本能地知道人在哪種狀態下會受更重的傷，所以願意短暫地賦予我「人權」。這樣令人毛骨悚然的陰暗心思，是我的小學同學們遠遠比不上的。

在私立中學遭受的霸凌，徹底傷害了我的肉體和靈魂。國一快結束時，我沒辦法再繼續上學，因為我不知道去學校會遭到怎樣的對待。我的世界是天堂，還是地獄？一切都像擲出的骰子一樣隨機。一想到還要被這種偶然性玩弄，我不禁害怕得雙腿發抖。

我寧願別人乾脆徹底把我當作垃圾，一成不變的態度反倒痛快些。我又一次開始了「繭居」的生活。我的身體如同石頭般僵硬，無法動彈。

我當時覺得這次真的完了，我的生活已經完全停滯了。

我無法回應母親的期待。「人生瓶頸」這個詞，大概就是對那段時期最適切的形容。到私立中學上學本來是讓母親驕傲的事，我本來應該在新的環境裡振作起來，扭轉局勢，去享受母親不曾經歷的瑰麗人生。

但是，我又一次被擠出了軌道。

不能滿足母親的期待，我就沒有任何存在的價值。活著沒有意義。一切都結束了。我的大腦被這樣的念頭所支配，精神近乎崩潰。

母親為我規劃的成功之路就是考上好大學，找份好工作，貫徹學歷信仰的宗旨。然後不結婚，一直工作。這種觀念已經徹底滲入我的身體，因此在我看來，不去上學就相當於成為行屍走肉。

教育虐待的恐怖之處就在於，一旦違背父母的期待，人就會立刻給自己打上「無用」這個標籤。一個孩子很難窺見學校之外的廣闊世界，誤以為家庭和學校就是世界的全部。尤其是我被母親灌輸了片面的價值觀，眼光更加狹隘。

這些超過承受範圍的東西將還是孩子的我逼入絕境，我痛苦得寧願自我封閉，心理扭曲得無法振作起來。

父母認為我被霸凌都是學校的責任，所以憤怒地怪罪學校。但私立中學的發展需要學生家長繳交的學費，因此學校對霸凌的處理態度始終比較消極。最終的處理，就是告知我們：「不行的話，隨時可以退學。」

於是，我在私立國中只讀了一年就退學了。退學後，我和學校之間的連結突然被斬斷。雖然不用再到學校面對令人難以想像的霸凌，但我和社會的連結也隨之斷絕。

我也沒辦法再回當地的國中就讀，因為那裡有以前霸凌過我的同學。國中屬於義務教育，所以我的學籍被放在當地的學校，但實際上，我無處可去。

母親對我的耐心終於耗盡。

「為什麼你到哪裡都被人欺負！」

「不知道！我不知道！」我抽泣著回答道。

我真的不知道，為什麼我總是遭受這樣的對待？為什麼我不管去哪所學校都不順利，總是成為別人霸凌的目標？為什麼？為什麼？我才是最想知道答案的人。

掐住母親脖子的那天

就這樣，我開始了徹底不去上學的生活，這意味著我真正進入了「繭居」狀態。在思緒最敏感的年紀蟄居在家，對我的整個人生來說，都是個巨大的難關。

無法走出家門的日子裡，我的身心備受折磨。待在家裡太痛苦了。

我感覺自己被社會和學校拋棄。每天我都無法控制地感到焦慮，自覺無可救藥，不應該活在這個世界上。

母親偶爾會在白天開車載我出門。我坐在副駕駛座上，解開安全帶，盡可能地蜷縮身體，隱藏自己。「繭居」終究是件不光彩的事，這種想法源自母親深深植入我體內的羞恥心。

仔細想想，過往人生中的無數經歷早已讓我的心傷痕累累。童年時被母親虐待，被擠出母親為我規劃的人生軌道，還有此時，為了不被人看見而蜷縮起身體。我知道，一直壓抑自我的後果就是某天身負致命傷，陷入愈來愈痛苦的絕境。

我不願在白天出門，因為害怕鄰居盯著我看的眼神。每次出門倒垃圾遇到鄰居，他們臉上的表情總是有些吃驚，接著不自然地移開目光。

「這個時間別的小孩都在學校，怎麼就她在家？」我很在意人們的閒言碎語。也許他們其實沒有說什麼，只是長時間的繭居生活讓我的精神狀態慢慢變得奇怪，被害妄想的傾向也愈來愈強。

我開始特別在意別人的眼光。從那之後，我盡可能避免白天出門，過起了日夜顛倒的生活。

剛開始離開學校，我還打定主意要在家自學，因為不想在課業上落後於人。但在家時，我心裡總是充斥著無力感，就連坐在書桌前的力氣也被奪走了似的，根本無心念書。因此，我平日所做的，就是發呆、看書或打電動。很多不上學的孩子都跟不上學校的學習進度，我也不例外。

就在那時，我開始家暴——對母親使用暴力。

要強調的是，如今我清楚知道家暴是錯誤的。但那時，我無從發洩的情緒就像將要噴發的岩漿一般炙熱，讓我無法分辨善惡。不，我應該是能夠分辨的。我當然知道暴力不對，但是無論如何都控制不了噴發而出的情緒。每次家暴，我一定會提起母親曾經對我施加的虐待。

我的人生到底是怎麼失控的呢？每一天我都在責問自己。自從開始「繭居」的生活，童年的記憶片段時常出現在我眼前，讓我心煩。

我希望母親能親口承認自己犯下的錯。這就是我家暴的原因。

「那時候你虐待我了，對吧？承認啊！」

「我不記得做過那種事。」

意外的是，母親選擇徹底裝傻，從不承認她虐待過我。我們總是因為爭辯有沒有這樣的事而爆發激烈爭執。我激動地譴責母親的所作所為。據說很多虐待過小孩的父母在被孩子質問時，都會表現出和我母親相似的態度。

如果那時她能承認的話，該有多好啊。只要一句「對不起」就夠了。只要這樣的一句話，我就能得到救贖。這麼多年來，我一直在期盼她的道歉，但母親始終沒對我說過。

「久美子，媽媽真的不記得了。我不記得我做過那種事。」母親聲音嘶啞、低沉，紅了眼眶。

「騙子！」我聽不下去她的辯駁，得不到宣洩的情緒如海嘯般洶湧地向我襲來。

小時候無力的我那麼痛苦、那麼悲傷，這一切你都要當作沒發生過嗎？那我怎麼辦呢？小時候的我怎麼辦呢？我到底應該怎麼做！

我變得身心不一致。這時我已經長得比母親高大了，我知道母親畏懼我帶給她的壓迫感。但幼時的我卻還在心裡哇哇大哭，現在的我也依然痛苦著。

我的心門早已關上，裡面一片空白。

世界上的所有人都消失吧！我的身體和心靈像小孩子一樣哭了起來，沸騰的憤怒占據了我全身。

那件事發生在一瞬間。我的大腦一片空白，只記得自己衝向母親，騎在她身上掐住她的脖子。請不要誤會，那時我心裡絲毫沒有對母親的恨意，我並不是真的想殺死她。

只是體內無處可去的悲傷匯成濁流，湧入胸口，點燃了血液。我好不容易保持的理性，不知逃到了哪個角落。

現在回想，後來我似乎還對母親使用了暴力。我追著她在樓梯上來回奔跑，激烈地和她扭打在一起。

我還清楚地記得那時的感覺。母親的身體暖得讓人驚訝。不知道為什麼我能感覺到母親的體溫，我觸摸到的母親好溫暖。

母親全身心地與我周旋，因為那時生死就在一瞬間。那一幕，與幼兒園時母親虐待我的場景何其相似。

「救命啊，救命啊！殺人了！」母親像小孩一樣大聲哭喊，奮力掙扎、抵抗。她對我又咬又踢，想從我手中逃脫。

想起當時的場景，我心裡還是很激動。母親為了保命，趁我一時不察逃出家門。桌子被掀了，碗盤碎了一地，書架也倒在地上。

凌亂的房間定格了剛才那些殘酷的畫面。我看著一地狼藉，啜泣起來，一陣強烈的悔恨湧上心頭。

「媽媽，對不起！我太過分了，對不起！」

但母親已不在家。為什麼我會做這麼殘酷的事呢？我甚至想死。後來我也多次有過輕生的想法，覺得自己還是不要活在這個世界上比較好。

母親究竟是真的忘了，還是在裝傻，已經不得而知。但對我來說，無論哪個都無所謂。我只能說，那時我只是希望母親可以承認自己的過錯，只是希望她能抱抱我。因為這代表她真正地與我面對面相處。

對母親施暴是我想抹去的黑暗過去，也是我不想面對的事實。但是出於懺悔和自我懲罰，我原樣記下當時發生的一切。

我多次對母親使用暴力。我們遊走在生死邊緣，兩人命懸一線，充滿悲傷的苦鬥沒有盡頭。

繭居在家的日子裡，我總是感受到難以忍受的壓力。母親總是戰戰兢兢地防備著我，害怕我對她施暴。看著她的樣子，我心裡也很煩躁，不知道應該怎樣突破自己的「人生瓶頸」。但我知道，前方等待我的只會是黑暗。

偏離了母親為我規劃的人生軌道，我不可能走向光明的未來。這樣的不安整日籠罩著我。當我意識到造成這一切的元凶就是母親時，憤怒和悲傷將我淹沒。

我和母親之間的危險關係，距離殺人與被殺，只差一步。

缺席父親的暴怒

一些在健康家庭中成長的人問過我，我的父親在這樣危機四伏的狀態下，都做了什麼。這個家並不是僅靠母親就能維持運轉的，所以他們才會有這樣的疑問。

後文也會提到，父親的態度一直都非常明確。他總是假裝不關心我們的問題。他是家庭中常見的「缺席的父親」。他轉過身，對這個一步步走向毀滅的家庭視而不見。

我想，那時父親的情緒恐怕時刻緊繃著。對他來說，家不過是一個居所，他滿腦子想的都是如何出人頭地。不，甚至這可能也是他的偽裝。他每天吃完飯、看完報紙、泡完澡，就回到房間裡關上房門，躲在裡面不出來。

我們和父親之間隔著厚厚的牆壁，不通音信。工作或許只是他的藉口吧。他主動選擇了背過身去，對這個家不聞不問。

我待在家裡不出門的那段日子，他讀遍各種關於教育的書。當然，不是為了他的學生們，也不是為了我，而是為了參加升職教務主任、副校長、校長的考試，在職場中繼續往上爬。

對家庭漠不關心的父親唯一一次在我面前表露情感，是在參加副校長升等考試的前一天。我至今依然清楚記得，父親在我面前像個孩子一樣號啕大哭。

「求你了，就算是為了我，你去上學吧！這樣會影響我升遷的。」

我不知道父親為什麼突然在我面前露出軟弱的一面，大概是升職考試給了他太大的壓力。身為老師卻有一個不去上學的女兒，這無疑是個巨大的汙點。一定有人在背後對他指指點點，說他連自己的女兒都教不好。

他那時的樣子，和得不到想要的東西就亂發脾氣的小孩一模一樣。如今想來，父親就是個看似長大的孩子。對他來說，小孩只是個裝飾或零件罷了。

我們家，就像是兩個孩子生養了另外兩個小孩，我的父母幼稚得無法組建家庭。但在孩子眼中，哪怕父母再幼稚，也是他們的全部，是獨一無二的存在。因此，我一直都在責備自己。父親不能出人頭地是我的責任，如果我沒有活在這個世界上就好了。我詛咒還存在於這個世界上的自己。

從那時起，我開始試圖自殺。

與其在這樣的人生中煎熬，不如死一死。我曾經跑到馬路上疾駛的汽車前面，試過上吊，也嘗試過從二樓往下跳。但最終還是敗給了對死亡的恐懼。

第五章　金屬膠囊

荒誕的世界運行規律

「繭居」的日子持續一段時間後，因為一個意想不到的契機，我開始每天去圖書館。人們對「繭居族」的印象一般都是整日悶在自己房間裡，一步也不踏出家門，但實際上並不是這樣的。

久世芽亞里所著的《去得了便利商店的繭居族們》（コンビニは通える引きこもりたち，新潮新書）一書中寫道，接近九成的「繭居族」其實都能外出，去便利商店不成問題。我也一樣。我最在意的是鄰居好奇的眼光，最難過的是母親把我當作恥辱。

所以只要不引人注目，人潮洶湧的大馬路或其他沒有熟人的環境，對我來說都沒關係。因此，我白天會去離我的學區非常遠的市中心圖書館。

因為我多次對母親家暴，她不知如何管教我，自然希望我能離開家。我自己在家也悶悶不樂的。因此，母親會在平日的白天開車送我去圖書館。對她來說，我去圖書館總好過在家裡對她施暴。

過去，我在學校被霸凌的時候，學校圖書館就是我逃避現實的空間。開始「繭居」生活後，書籍的海洋——圖書館，成了唯一接納我的地方。

市中心的大型圖書館裡沒有任何人認識我，因此漸漸成了我的樂園。我每天沉浸在圖書館裡，就是想搞清楚為什麼我的人生如此艱難。

為什麼我過得這麼痛苦？

為什麼母親要虐待我？

為什麼母親明明買了房子，還是公務員的妻子，生活看來自由自在，卻仍如此不幸？

為什麼我會對最愛的母親施暴？

為什麼我無論去哪裡都會被霸凌？為什麼學校裡到處充斥著霸凌現象？

為什麼？為什麼？為什麼？

過去我對荒誕的世界運行規則一無所知，也不知道可以在哪裡習得。就像在沒有武器的情況下，毫無防備地被放逐到這個世界上一樣。但那時，我第一次明白「知道」和「學習」的重要性。我在濃濃的迷霧中不斷摸索，終於隱約窺見萬物的輪廓。

雖然沒去上學，萬幸的是，我有無限的時間。我無意間在隨手拿起的書裡，學到了關於社會學和女性主義的知識。

我如痴如醉地大量閱讀，包含社會學家宮台真司、臨床心理師信田小夜子、研究「繭居」現象的先驅者兼精神科醫師齋藤環等人的著作。我彷彿感覺到名為「家庭」的容器正從內部破裂。我也讀了很多描寫一九九〇年代各種扭曲事件的報導文學作品，它們是幫助我度過難關的精神食糧，是這個世界的真實寫照。

透過閱讀，我明白了我和母親的痛苦並不孤獨。在日本還有很多跟我們一樣痛苦的母子。

繭居，霸凌，虐待，校園暴力，家庭暴力，拒學……那段時間，這些一九九〇年代的代表性社會現象引起大眾的廣泛討論。其實這些問題展現了家庭問題發生的歷史背景和原因。一些女性選擇抹殺自我，將自己困在名為家庭的牢籠中艱難度日，而作為母親，這份痛苦更是雪上加霜。

因為閱讀，我才驚覺原來對我來說可謂龐然巨物的母親，其實只是社會上一個很小的存在。

一九九〇年代，很多母親也住在地方上的新建住宅區，心裡憋著無處排解的憂鬱和苦澀。是的，她們的處境和我母親如出一轍，但國家和社會並沒有注意到這樣的問題。

雖然當時我的身體困在家中，但因為大量的閱讀，我明白了自己在社會中所處的位置，隱約窺見痛苦的真相。

成年人寫的書對國中生來說非常難懂，但即便如此，曾經令我不解的荒誕世界運行規則還是一點一點在我面前被破解了，讓我茅塞頓開。

酒鬼薔薇聖斗[5]也許就是我

我開始繭居在家時，年僅十四歲。那時神戶出現了連續殺害兒童的事件。

「神戶的那個犯人跟你一樣大，都是十四歲！」

耳邊傳來母親的尖叫時，我正在自己的房間裡玩電動。那時大概是黃昏時分，電視上即時新聞的字幕快速滾動著，播報員用緊張的語氣一遍又一遍地播報著同樣的新聞。我和母親在電視前呆坐了幾小時，不知道該說什麼。

那時，我的心情無法掩飾——母親期待的「大爆發」終於要來了。

電視上播放著直升機從高空拍攝的畫面，能看到案發現場所在的中學校門，還有新建住宅區。畫面中小山坡附近的景象，和我家所在的新建住宅區一模一樣。我家附近也有個在茂密森林裡的兒童遊樂場。

如今想來，如果我當初走錯了一步，也有可能成為殺人犯。

我家所在的新建住宅區隱藏著無數瘋狂的漩渦。母親的家庭主婦社交圈中，很多人罹患精神疾病，傳銷和新興宗教在這樣的環境中肆意擴張。母親也不例外，她成了傳銷人員的目標，購買大量的高級廚具等產品。

對繭居在家的我來說，這個家無論是好是壞，都像一座監獄。在圍牆內，我可以自由地去我想去的地方，父母也不會讓我餓肚子。但是只要圍牆還存在，就什麼都不會改變。我眼前有一道看不見的屏障。我無法直視炫目的藍天，周圍緊張的氣氛讓我無法自在行走。

當時，許多跟我一樣年紀的人寄信給那名在新聞裡露臉的十四歲少年。和我同齡的「繭居族」犯下的案子，在社會上引起的迴響愈來愈大。如今我不由得感到害怕，如果走錯一步，殺人犯可能就是我。

如果當時感到壓抑的不只是我，如果整個社會的瘋狂不斷蔓延，事態會如何發展？一九九〇年代的氣氛已經緊張得快要爆發。母親就像是一面反映那個畸形時代的鏡

5 一九九七年，日本神戶發生一起連續殺害兒童案件，「酒鬼薔薇聖斗」為凶手化名。

子，而我是被她選上的孩子。

在那樣的背景下，發生了神戶連續殺害兒童事件。凶手和我一樣才十四歲，卻犯下了讓人痛心的殘忍罪行，給社會帶來巨大的震撼。當然，不管出於什麼理由，殺人都是錯的。

我十四歲時沒有殺掉父母，沒有被父母殺掉，沒有殺掉不認識的陌生人，是因為書是我的好夥伴。不，準確地說，是因為我透過書，知道了在我未曾見過的廣闊世界裡，還有很多成年人站在我身邊，願意為我這個失語的孩子吶喊。正是這種感受和想像，阻止了我進入那個瘋狂的世界。

其中給我最大感觸的，就是小說家櫻井亞美。她的小說就是我們那代人的心聲。

櫻井亞美的《14 Fourteen》，是以一九九七年神戶連續殺害兒童事件的凶手，「酒鬼薔薇聖斗」為原型所創作的小說。這部小說與十四歲的我的心境如出一轍。原來成年人中也有我們的知音。當時我是個孤獨的少女，對父母和學校沒有絲毫信任，這部小說對我來說就是一線希望。

如果沒有圖書館，我會變成什麼樣呢？也許我會在家暴時殺死母親，甚至可能像跟我同年的酒鬼薔薇聖斗一樣，犯下震驚社會的大案件。不管哪種可能性成真，都不會有現在的我。

和《新世紀福音戰士》主角真嗣的共鳴

另一部對我產生重要影響的作品，是一九九〇年代的代表性動畫作品《新世紀福音戰士》。

因為一個很偶然的機會，我得知了這部作品。某天，我家電視傳來十四歲的主角碇真嗣絕望的悲鳴──「不能逃避！」從那以後，我就迷上了《新世紀福音戰士》。主角的心境和我非常相似，更巧的是，他們跟我年紀相仿，都是十四歲的少年。

因父子關係而煩惱的真嗣彷彿就是另一個我。螢幕中的他苦苦渴求父親的愛，就連決定駕駛ＥＶＡ[6]都是為了得到父親的誇獎。但是父親給他的愛是有條件的，他只愛駕駛EVA的真嗣。

真嗣因為父親的言行而苦惱，一次次遭到背叛。而一直扮演高材生、吶喊著「看看我」的明日香，其實也有與我相同的痛苦。

這些少年的痛苦無不圍繞著父母的認可，我被這種特質深深地吸引。不斷追求認可和愛，甚至寧願與母親化為一體也不能如願。在這方面，我和他們別無二致。

即使明日香駕駛了ＥＶＡ也沒有得到想要的結果，只留下疲憊不堪的靈魂和傷痕累累的肉體。看到那一幕，我心痛極了。那時我隱隱約約感受到，如今一事無成的我，對母親來說沒有任何利用價值。不，我簡直就是她的噩夢。那麼我到底是誰？為什麼還要活著？我每天都在問自己。

藉由電視，我與滿腔悲憤的十四歲少年們產生了共鳴，他們就是我的夥伴。一九九〇年代特別流行錄影帶，我特別錄下電視上播放的《新世紀福音戰士》，反覆看了無數次。只看錄影帶還不夠，我遍尋各家書店，一張張地蒐集《新世紀福音戰士》角色的海報，貼滿房間。

雖然那時我很孤單，身邊沒有任何朋友，但是看到電視裡的真嗣和明日香，心裡總是無比踏實。

十四歲時，充斥我房間的不是偶像海報，也不是迪士尼的絨毛玩具，而是《新世紀福音戰士》中的角色。我的房間和一般女生相去甚遠，某方面來說可以稱得上怪異。

我對老師和父母感到絕望，只有在這個被《新世紀福音戰士》角色們包圍的小房間裡，我才能安眠。人們提到《新世紀福音戰士》，往往只記得它複雜的設定，因此當時很流行大解密或分析的書。

每次在二手書店看到這種書，我都會毫不猶豫地買下。但說實話，十四歲的我對裡面的內容並不關心。對我來說最重要的是，真嗣和明日香的痛苦與我對母親的苦澀情感極其相似，我渴求它們的撫慰。

就這樣，在《新世紀福音戰士》角色們的支持下，我艱難地度過了青春期。

我的生活過於痛苦，導致我常常想死。那時還有一本讓我深受觸動的書，就是前面提

6 日本科幻作品《新世紀福音戰士》中，用於對抗使徒的人型兵器。正式名稱為「泛用人型決戰兵器 人造人 EVANGELION」。

到的《完全自殺手冊》。我已經不記得最開始是在哪裡看到這本書的，是二手書店嗎？還是圖書館？

這本書因為內容敏感，在社會上引起廣泛的討論。但是對十四歲的我來說，它是能讓我活下去的「護身符」。

《完全自殺手冊》裡寫了很多自殺的方法，但我並沒有認真閱讀正文，真正支撐我的，其實是鶴見濟撰寫的前言。

他在前言中寫道，有個朋友常年把一種名為「天使之塵」的強力致幻劑放在金屬膠囊裡，整日當成項鍊掛在脖子上，「如果發生什麼事，只要把這個吃下去就好了。」

他在前言的最後寫道：「請把這本書當作金屬膠囊吧。」鶴見濟筆下的文字比任何人的文字都溫柔，它緩緩地沁入我心裡，陪伴著痛苦的我。

我記不清自己反覆讀了多少次這段話，流了多少眼淚。我已經沒有價值了，活著太痛苦了。好想死，好難受。我不知道該做什麼。我想結束一切，卻只能在無限的迴圈裡輪迴。

如果發生什麼事，死掉就好了。有了這樣的想法後，心裡的結好像一下解開了。鶴見濟的觀點聽起來離經叛道，但那是包括父母、老師在內的所有人都沒有教我的道理。這本書真的如鶴見濟所言，守護了我的生命。它一直躺在我的枕邊。在我的國家居然有鶴見濟這樣的知音，真是讓人振奮。

只要有這本書在，我可以隨時死去，立刻從這個世界上消失。但既然我還無可奈何地活著，那就再和這本書一起活一段日子吧。

雖然我的肉體孤立無援，但因為有書、動漫和電影，我找到小小的希望，一天天熬過了痛苦的日子。

一個人的畢業典禮

時間無情地流逝。一年過去，兩年過去。繭居的日子裡，每一天都平靜如水，我白天到圖書館打發時間，偶爾導師來家訪時跟他見面，僅此而已。

國中屬於義務教育，如果有學生不去上學，老師就要按照流程定期家訪。我很清楚，班導來我家是出於工作義務，並不是真的關心我的近況。

他們好煩。無論是名義上的班導，還是愛開玩笑的副班導，都只是裝裝樣子，實際上對我毫不關心。

我不相信任何人，不管是父母還是其他大人。但我也無意為難他們，大人的社會有他們的規矩，他們不過是在照規矩辦事。所以我雖不情願，但他們來的時候我也會答應見面。

國三快結束時，我面臨一個關鍵的選擇。我每天遊手好閒地待在家裡，但臨近畢業，也得思考往後的出路。兩年沒上學，我明顯在課業上落後其他同學，又害怕去學校會再次被霸凌。

母親和老師的想法很堅決——不去學校，可以，只要把學籍轉到新學校去，形式上升上高中就好。

老師的態度很明顯，只要以「畢業」的名義把我趕走，他們就會得到「赦免」。所以他們非常希望我升上高中。特別在意別人看法的母親也跟他們達成了共識。母親早就受夠我的家暴和足不出戶，她只希望我隨便進入一所高中，拿到高中生的身分就萬事大吉了。

大人永遠只顧自己的面子，母親就是我身邊最典型的例子。我按照他們的安排，報考一所據說只要參加考試就能進入的私立高中。跟預想的一樣，我幾乎考了零分，但還是順利通過入學考試，把學籍轉進新的高中。國中的後面兩年我幾乎沒去過學校，這樣的結局簡直像是一場滑稽的鬧劇。

接著，即將十五歲時，我從學籍所在的當地國中畢業了。不，應該說是被畢業了。

可笑的是，學校特地請了攝影師來我家為我拍攝畢業照。我沒有去上學，自然沒辦法和同學們拍合照，所以攝影師來為我拍獨照。

哪天我惹了大麻煩，這本畢業紀念冊一定會被翻出來吧。我一邊漫無邊際地胡思亂想，一邊面無表情地按照攝影師的要求擺好姿勢。咔嚓！一聲快門清脆聲結束了拍攝。

我幾乎沒去上學，卻收到了一本畢業紀念冊。翻開紀念冊，合照左上角印著我面無血色、眼神空洞的相片。它代表著我繭居生活的黑暗歷史。

我依然清楚記得，畢業典禮那天，導師懇切地請求我去學校領取畢業證書。

「不到體育館和其他同學一起排隊領取也沒關係，直接到校長室就好了。畢業典禮那天來學校吧，好不好？」

思考了幾天，我決定畢業典禮那天回學校。當天，我把手伸進兩年未穿過的校服袖筒。母親開車送我去學校，那條路果然還是讓人害怕。晴空下，女孩們歡樂、天真的笑聲此起彼落，我的心卻冰冷、僵硬。

車停在學校附近，我蹲在副駕駛座下方顫抖著，隱藏自己。我不想讓任何人看到我這個樣子。直到大部分同學都回家了，我才踏入闊別兩年的學校。老師帶著我去了校長室。

我記得當時在場的，有班導、副班導、母親、校長、副校長。在大人們的見證下，我完成了這場校長室裡的單人畢業典禮。一直在角落裡瑟瑟發抖的我，突然被拉到一個耀眼的虛假舞台上。這個徒有其表的舞台充滿了欺騙，一切都沒有意義。為什麼我要出現在這裡？校長遞給我的這張紙，有什麼用呢？沒有人、沒有任何一個人，能帶我逃離這個世界。

「菅野同學，恭喜畢業。」

「恭喜。」

「恭喜！」

他們紛紛向我道賀。我的眼前一片模糊，分不清誰是校長、誰是副校長。隨便是誰都可以。那時，母親臉上是什麼樣的表情呢？我不記得了。但我敢肯定，這恐怕是母親從未料想的悲慘結局。

那一刻，沒人比我更清楚母親心中的想法——她的人生也要完了。這場一個人的畢業典禮對我來說意味著屈辱，是我人生中極為難堪的一刻。

我完全偏離了母親為我規劃的光明大道，無法如母親所願成為菁英，也不可能按照她的期望生活。「繭居」的後果，就是只能進入母親最看不入眼的差勁高中。

今後的人生對我來說已經沒有意義了。我只能像殭屍一樣，搖搖晃晃地遊走。我的靈魂已經死去一半，人生從此一片灰暗。偏離了光明大道，前面等待著我的只有行屍走肉般的人生。

我的人生道路已經被堵死了。絕望感滲入骨髓，讓我忍不住乾嘔。

但現在回頭看，我才發現這種想法不過是母親對我洗腦的結果。

時隔兩年去上學

雖說考上了高中，但我並不打算去學校，只想繼續「繭居」的生活。結果禁不住母親的懇求，我又去參加了一次高中的入學典禮。

到學校後，我發現高中生活和過去截然不同。我的表情始終很僵硬，但坐在我後面的女同學卻對我露出了天真的笑容。這是我有生以來遇到第一個友善的同學，她帶著一絲羞怯向我打招呼。

「我是××。我沒有考上縣立高中，所以來到這裡。請多指教！」

看著她坦誠的笑容，我難掩疑惑，甚至惡毒地猜想她是不是有什麼陰謀。實際上，那只是她表達友好的方式罷了。

我家所在的新建住宅區和我曾就讀的知名國中，總是彌漫著一股陰暗的殺氣，但這所高中的氛圍完全不同。班上的大部分同學都心地善良、溫和穩重。我震驚於人際關係的巨變，回家後希望能再次見到他們。而且這所高中離我家很遠，沒有人知道我的過去。

入學典禮後，我又一次懷著緊張的心情踏入校門。上次上課已經是兩年前的事了。中午我和班上的女同學們一起吃便當，這種看似平凡無奇的事，對一個在學校常年受欺負、兩年沒上學的人來說，是非常新鮮的體驗。

之所以能順利融入班級，可能是因為這所高中水準墊底，匯集了考不上高中的學生。有些同學特別不擅長念書，有些同學跟我一樣曾被霸凌，還有一些同學是不良少年。這所高中就是這些沒有地方可去的孩子最後的庇護所。

學校常有出於種種原因從其他學校轉來的學生。作為同學的我們明白到底是怎麼回事，所以會自發性地用一種溫暖、包容的氛圍歡迎他們。

因此，進入高中後，我第一次在班上找到了歸屬感。

脫離學校的兩年對我的學業造成很大的影響。我不擅長數學，幾乎每次考試都拿零分，只能下功夫苦學。如果不及格，老師允許我們用交作業等形式來湊分數。因為學校水準墊底，很多同學的學習能力都和我差不多。好在老師上課時會照顧聽不懂的學生，所以其他學科對我來說並不算難。

除了數學，其他科目我都能取得相對高的分數。雖說讀書依然跟不上進度，但我因為偷偷幫跟我關係好的男生傳小抄而受到大家的重視。

我還跟一個轉學生成了好朋友。她在其他學校遭到霸凌，所以轉到我們學校。我被她單純的性格深深地吸引。隨著關係逐漸親近，我發現她就是現在人們所說的「年輕照顧者」[7]。

那時，我常在回家路上一邊吃著垃圾食物，一邊傾聽她複雜的家庭故事。她決定要一輩子照顧她的殘疾兄弟。

我沉默地聽著她的故事，明白了世界上還有很多我無法想像的家庭，大家的人生際遇各不相同。

五百日圓的迷你裙

我有很多高中同學。大部分人畢業後考不上大學或專科學校，只能去當兵或者繼承家業。這種不以升學為目標的孩子，是我母親以前最瞧不起的人。

我以前從來沒有和這樣的人接觸過。其中有些男生是不良少年，有些女生則在做所謂的「爸爸活」[8]，也就是援助交際。

7 因父母需要受到照護而負責照護家人的未成年孩子。

8 指年輕女性與成年男性進行帶有金錢利益的社交活動，通常涉及約會，甚至性交易。

當時援助交際和電話交友已不如從前那樣流行，但在地方上依然很活躍。我和一個常做援交的女生成了好朋友。

有次放學後，我甚至和她一起打了「交友電話」。我沒有和男性做愛的經驗，沒有勇氣真的去援交，但只要和她在一起就夠刺激了。她總是直白地跟我聊著性的話題，比如她的大學生男友、她的床事和援交對象。對曾經繭居在家的我來說，那個未知的世界每天都帶給我巨大的震撼。

她還有一個朋友沒讀高中，在麵包店打工，外表看上去就是典型的「一〇九辣妹」[9]。不知從什麼時候開始，我和她們成了很好的朋友，三個人經常一起出去玩。

還記得第一次見到那個辣妹時，她震驚地看著我的打扮，笑得人仰馬翻。當時我常穿在量販店買的俗氣褲子和皺巴巴的襯衫。在她這個潮人眼裡，我的穿著一定非常奇怪。

「遜斃了！」她吐槽我的穿衣風格。聽說我還沒有性經驗，張大了嘴驚訝地說：「啊？不可能吧！不可思議！」

我們看對方就像是在看外星人。她們說話直來直往，喜歡誇張，但內心溫柔且包容。最重要的是，她們覺得我很好玩，接納我成為她們的一員。我和她們的關係愈來愈親近，她們成了我最好的朋友。

在她們看來，上高中還是處女是件不可思議的事。她們打從心裡同情我，希望我能快點找個男朋友，於是好心地對我的生活「指手畫腳」。

「先從服裝開始吧。」

她們帶我去了辣妹常逛的廉價時尚服裝店。在那裡，我第一次穿上以前從沒穿過的衣服──一件價值五百日圓，只能勉強遮住內褲的迷你裙。是那個辣妹為我挑選的。

「真的要穿成這樣嗎？」

我疑惑極了，臉紅得像是要噴火。我從沒想過有天會在別人面前露出大片肌膚，心裡

9在日本特指打扮時髦、化濃妝、皮膚晒得黝黑或使用深色化妝品的年輕女性。

不由得生出小小的罪惡感。母親早就徹底抹去了我的女性特質，因此我總覺得這種事不能做，這種情緒不該有。

「這件裙子好適合你啊！」在朋友們歡快的吹捧聲中，我的擔憂逐漸被吹散。那時我的喜悅非常純粹，因為我真的很想成為那樣的女孩。我一遍遍地端詳鏡子裡的自己，漸漸覺得穿迷你裙露腿也許不是什麼錯。

但這副模樣絕不能讓母親看到，它只能是我的祕密。要是她看到了，一定會勃然大怒，於是我把迷你裙放在包包裡隨身帶著。後來，我在學校和家裡戴著資優生的面具，放學後和朋友們逛街便會穿上那件裙子。

我終於完全接受了作為女性的自己，擺脫母親長久以來對我的束縛。我第一次知道身為女性原來是如此美好的事。成為高中生後，我眼中的世界才終於變得開闊起來。

我終於明白，世界遠遠超出母親灌輸給我的那一面。除了考上好高中、好大學，人還擁有很多種可能，它們沒有高低貴賤之分，都是不可或缺的體驗。

想到這裡，我的肩膀放鬆下來，終於鬆了一口氣。我開始用自己的眼睛觀察世界。

對我來說，高中時期就是顛覆之前看到的世界的過程。

班上有能和我一起討論《新世紀福音戰士》的男生，我還和一個年輕的語文老師關係不錯，私下會一起吃飯、看電影。高中時期可以算得上是我人生中最幸福的時候。

剛上高中時，我以為人生就要結束了，沒想到後來灰暗的世界突然逆轉，人生又出現了鮮豔的色彩。雖然我仍痛恨著無能的自己，母親也打從心底瞧不起我的學校，但是那裡有我愛的人。

我身處巨大的矛盾中，逐漸意識到自己以前的價值觀有多不可思議。

從那時起，「母親就是真理」這樣的意識開始瓦解，我開始懷疑母親過去灌輸給我的價值觀。原來，我一直被母親束縛著，她所說的好高中、好大學並不是人生的全部。她為我規劃的路徑不是唯一正確的道路。這時我身邊給予我溫暖的，都是母親眼中「不像話」的人。

現實中的人際關係一點一點瓦解了母親灌輸給我的學歷信仰，帶給我非常痛快的解放感。

同時，我發現社會並不像母親所說的那般狹隘，反而非常寬容。我想探索這個廣闊的世界，想認識更多的人，想接觸到別人的善意。如果我能親手寫下這世界的美，那會是多麼美妙的事啊。

在那之後，我開始大量閱讀人物的報導文學。

作家永澤光雄為我帶來巨大的影響。他最有名的作品，就是赤裸裸地描述AV女優故事的採訪集《AV女優》（文藝春秋）系列。此外，還有《強大又寂寞的男人們》（強くて淋しい男たち，筑摩書房）。我在真實的高中生活和書本世界之間來回穿梭，深刻接觸到人類的多面性和豐富性。

我開始迷茫地夢想著，有朝一日能與書中的世界產生連結。我想親自看看之前被母親遮蔽的真相，我想親手觸摸這個世界。

我下定了決心。

遇見《寫給日本最醜陋父母的信》

高一某天，我在常去的二手書店裡，命定般地與一本書相遇。它被隨意擺在我常逛的一百日圓專區。看到書名時，我被大膽的名字震懾住了。

《寫給日本最醜陋父母的信》。這個名字太讓我感到衝擊，於是我偷偷買了這本書，如飢似渴地讀了起來。

這本書收錄了九到八十一歲的人寫給父母的信。信中表達的不是感謝之情，而是憎恨。那年我十七歲。書裡最讓我觸動的，是一個七十歲老人寫給父母的信。

「我馬上就要去那個世界了。」看到這句話，我嚇了一跳。這個人的壽命所剩無幾，這麼多年來他可能一直對父母懷有恨意。以前世俗要求人們尊敬父母的風氣一定比現在更強烈，他該多麼痛苦啊！我不禁眼眶發熱。

書中也有比我小很多的小孩寫的信。那孩子大概曾拚了命地想辦法要躲開父母的目光，偷偷在稿紙上寫下這封信，然後把它扔進郵筒。我猜測著背後的種種，心裡很難過，胸口彷彿被緊緊地揪住。

上高中後，我在面對母親時的矛盾與焦躁感愈來愈強烈。她在我心中依然有著絕對的地位，和從前沒有分別。但是從那時起，我開始感覺到一股微妙的違和感。

我沒辦法向別人傾訴這樣的心情，只能一個人在心裡反覆咀嚼。老師和社會告訴我們要敬愛父母，所以我總是覺得自己的想法太離經叛道。那段孤立無援的日子裡，這種痛苦始終圍繞著我。在智慧型手機和社群媒體誕生之前，書和雜誌是我最珍貴的資訊來源。

因此，對我來說，《寫給日本最醜陋父母的信》如《聖經》般，為我打了一劑強心針。最重要的是，我在這本書裡看到了和我一樣憎恨父母的人的心聲。

「原來我可以恨自己的父母，我可以討厭他們！我一點都不奇怪。」和這本書相遇後，我第一次有了這樣的想法，產生了改變人生的巨大勇氣。

我一次又一次地擁抱這本書，睡覺時也會把它和鶴見濟的書一起藏在枕邊。這本書就像我的朋友一樣，我把它帶去學校，和它一同生活。早上起床只要看到它在身邊，我就能稍微鬆一口氣。只要有它在，我就有活下去的勇氣。

這本書被我翻得破破爛爛的，我記得書中的每一個人。

在現實世界裡，我是一個和父母一起生活在小城市的高中生。因為還沒成年，經濟上依賴父母，逃不出名為「家庭」的牢籠。但是，全日本有很多和我有同樣煩惱的人。他們跟我生活在同一個時空裡，冥冥中與我有所連結。

我彷彿是在跟書裡出現的他們一同生活。只要這樣想，黑暗的世界就能立刻充滿光明。

當然，我身邊也有很多同學愛抱怨父母。但是他們並沒有對父母絕望，即使有不滿的地方，也不過是嘴上的抱怨罷了，沒有一個人和我一樣，對父母懷有如此深重的恨意。

對我來說，只有那些投稿給《寫給日本最醜陋父母的信》的人才是我真正的朋友。我終於有了同伴，他們就在書本的另一端。

現在想來，其實我繞了很多遠路。我差點殺死母親，也差點被母親殺死。之所以能僥倖活下來，都是因為我與這本書另一端的人們產生了心靈上的連結。

雖然未曾謀面，但我相信他們就是我的同伴。也許這種感受就像一廂情願的單戀，但這本書裡和我際遇相似的人們，給了十七歲的我極大的精神支持。靠著這本書，我勉強在就快要爆發的狀態裡，安穩度過了我的十七歲。

高中畢業後，我考上大阪藝術大學電影科，和我最喜歡的動畫，《新世紀福音戰士》的導演庵野秀明成了校友。另外，作家永澤光雄也畢業於這所大學。

那時，父母對我的期待是隨便上什麼大學都好，所以沒有反對我的選擇。在他們眼中，與其讓我再次待在家裡對家人施暴，不如讓我趕快離開。

不過，他們之所以如此無所謂，還有一個很大的原因，就是母親把所有的注意力都放在最愛的小兒子考高中和參加社團活動這兩件事上，根本沒空關心我。果然在母親心裡，弟弟和我就是不一樣。

上大學後，我第一次離開父母，開始了獨居的生活。大學時我拍攝了一些反映生存處境之苦的實驗短片，和女性主義題材的紀錄片。

現在想來，大學時期是我離母親最遠，也最自由自在的日子。

第六章　母親看不見的傷

父親是母親眼中「過去的自己」

我在臨床心理師信田小夜子的線上講座中學到，一個人要掙脫母親的束縛，必須深入研究母親。當時我受到很大的觸動。信田小夜子在其著作《增補新版　媽媽的研究》（増補　ザ・ママの研究，イースト・プレス）的前言中寫道：

「女兒們應該團結在一起，和母親拉開距離，以防自己被逼到崩潰邊緣。彼此產生連結的前提是明白『並不是只有我一個人』。於是，我開始了關於母親的研究，如同無人機一樣從斜上方俯瞰母親。如果你能站在高處，獲得俯瞰的視角，那麼在今後漫長的人生裡就能得到解脫。」

我決心要試著用客觀的眼光觀察母親。雖然她對我來說是個強大無比的母親，但是在我出生前，她也曾是個女孩。母親的祕密大概就藏在她的童年時期，並且與生養她的外公、外婆有關。所以我想回顧一下母親的人生。

外公參加過太平洋戰爭，僥倖保住性命後，回到家鄉宮崎。在戰後重建時期，他創辦一家小型建築公司，並取得成功。外婆是一名助產士，兩人透過相親結婚。

母親的手足裡，女生比較多。她在五個孩子裡排行第四，上有大姊、二姊、三哥，下有一個妹妹。除了母親的三哥，其他四個孩子都是女孩。我認為這為她扭曲的成長經歷蒙上了陰影。

母親曾不厭其煩地向我傾訴，她小時候一直被父母忽視。我想，她對兄弟姊妹的恨意就是從那時開始萌芽的。

母親的大姊是家裡的第一個孩子，所以備受重視。二姊在校成績最好，所以常被表揚。三哥是唯一的男孩，將來要繼承家業，因而受到了特殊的照顧。小妹很會撒嬌，又是最小的孩子，所以父母格外寵溺她。母親作為家裡的第三個女兒，總是得不到大家的關注。

當然，這都是母親的主觀看法，真實情況到底是如何，我無從考證。但是我相信母親所說的，一定反映了某部分的現實。

母親最嫉妒她的小妹。「他們老是買可愛的小東西給她，大家都寵著她。」母親常抱怨外公、外婆如何寵愛小妹，語氣充滿恨意和哀怨。

我最喜歡我的小阿姨，她活潑調皮、天真爛漫，為人很友善。但母親就是恨她的天真。她常提起對兄弟姊妹的嫉妒，還有對童年時期父母不公平對待的不滿。最後，她驕傲地宣稱：「因為我自己遭受了不公平的對待，所以我對你們一視同仁。」

母親的娘家在老家算是富裕的家庭。外公創辦的建築公司剛好趕上戰後重建的浪潮，僱用多名員工，還擁有很多推土機、自卸車等重型機械。

母親從家鄉的高中畢業後，就到東京讀短大[10]，和父親戀愛了。他們的愛情故事我聽過很多次，兩人是在學校社團相識的。

與家境殷實的母親相比，父親只是個種蘋果的果農家窮小子。他是家裡的長子，從工業高中[11]畢業後，沒有選擇繼承福島的蘋果園，而是身無分文地離開家鄉去讀大學，相當於放棄了繼承權。

淨身出戶的父親沒有拿父母一分錢，隻身一人來到東京。母親在經濟上比較寬裕，但十分渴望被愛。於是，兩個人在各自的困境中吸引了彼此。

大學時期，父親的日子非常拮据，只能沒日沒夜地打工，賺取學費和生活費。有次，母親來到父親打工的日式點心店，看到正在工作的父親臉上沾了麵粉。他總是滿身麵粉，邋裡邋遢的。

「你爸那時候好可憐。媽媽就是因為同情他才和他結婚的。」

母親常一邊翻看相本，一邊跟我講述他們的故事。我清楚記得，她從來沒對父親說過「喜歡」，只有「可憐」。這句話她說了很多次。

雖然母親現在發福了，看不出過去的風姿，但照片中的母親確實纖瘦輕盈、美麗動人。學生時期的照片裡，母親面帶笑容，看起來打從心底高興著。她美好的笑容與飄揚的裙襬相得益彰。用現在的話來說，簡直是社團裡的「公主」，所以當時很多男生都對母親有好感。

聽母親說，大學時期曾有個英俊的男子向她示好。那個人叫聰（化名），在慶應義塾大學讀書，他富有、溫柔，非常擅長運動，而且身材高大、長相帥氣。但母親沒有選擇完美的聰，這讓她後悔了很多年。

「當時跟聰結婚的話，我就不用過這樣的人生了。我一定會更幸福。我本來應該得到幸福的。」

母親指著照片上的聰跟我講了很多次。照片上的聰高大帥氣，看起來像是個清爽的好青年，不管怎麼看都比父親好。年幼的我不能理解，為什麼母親要放棄那樣的人選擇父親呢？

10 日本的短期大學，學制一般為兩年，提供較短時間的專業教育，以便讓學生迅速進入社會工作。類似台灣的專科學校。

11 日本實施工科專門教育為主的高中。

面對我的詢問，母親總是不假思索地回答：「媽媽比較善良，沒辦法放下你爸爸不管。但這就是一切失敗的開始。」當時我不明白母親選擇父親的原因，想來男女之間似乎總藏著小孩子不懂的祕密。

不管怎樣，母親最終選擇了貧窮的父親。有次，母親想起過去資助父親學費和生活費的事，不禁難過得落淚。

對我來說，母親被父親吸引的原因是個長久以來的謎團。但隨著閱歷增加，我漸漸明白，那是因為母親在父親身上看到了「曾經的自己」。母親從沒得到愛過，一直被自己的父母所忽視。而父親拚命努力的樣子讓她好像看到了自己，所以她心中的傷口情不自禁地疼了起來。

但這種情感不是愛情，而是同情，就像對被丟棄在路邊的小貓小狗產生的情感。這樣一想，其實母親也有問題，她從來沒有把父親當成人看待。當然，父親也有問題，他是一個人格不健全的人。

母親和聽結婚的話，就不會有我了。但不知道為什麼，我喜歡打聽關於聽的事。每次提起他，母親臉上總會泛起少女般羞澀的笑容，看起來是發自內心地高興著。

我們常躺在沙發上聊聰的事。我問母親：「聰叔叔是個什麼樣的人呢？再多講講嘛。」

「好吧。」

我常和母親一起在夢想的世界裡遨遊。在那裡，母親和聰組建了幸福的家庭。提起與聰的種種回憶，母親的表情十分沉醉，眼中亮起燦爛的光芒。

我深信母親心裡，一定存在一個與聰結了婚的平行世界。我最喜歡和母親一起徜徉在那個夢想的世界裡。因為只有那時，我們之間才不再有分歧，兩個人一起做夢的時光平靜而安詳。

那時，我剛懵懵懂懂地明白什麼是戀愛。雖然從常識來說，我不可能是聰的孩子。但在夢想中的世界裡，我是母親和聰的孩子，大笑著牽起父母的手。母親也在微笑，我們臉上都掛著笑容。弟弟、母親都得到了幸福。當然，這個世界裡沒有父親。

不，或許在現實世界裡，父親也從來沒有存在過。

「媽媽，如果你和聰叔叔結了婚，會怎麼樣呢？」

「嗯……應該不會住在這裡吧。」

一九七五年是日本結婚率最高的時候。那時，女人婚後一般會「光榮離職」。二十多歲的母親一定敏銳地感知到了時代的流行風氣，她在外公、外婆和父親的催促下匆匆結婚，成為一名全職主婦。然後，理所當然地到了父親的老家福島生活。

名為婚姻的牢籠

忘了是什麼時候看到父親寄給母親的，像山一樣高的情書。如今，它們躺在生鏽的抽屜深處。遠距戀愛時期，父親寄了很多信和明信片給母親，它們都是泛黃的愛情證明。那時大概就是他們的熱戀期。

「我愛你。」「和我結婚吧。」「我想立刻見到你。」

信裡寫了很多不知是真是假的輕浮言詞。從未被父母愛過的母親一定被父親的熱情打動了，因為被需要是最讓她高興的事。小時候的我無論讀多少遍，都無法把這些熱情的文字和冷漠的父親連結在一起。

父親有他的缺陷。貧窮侵蝕了他的心，他想釣魚卻捨不得餌。我父親就是這種人。母親從短大畢業後，成了一名老師，但在那個年代，人們一般認為成為全職主婦才是女性最幸福的選擇。恐怕那時的母親也受到了來自父母的壓力。

她在時代的浪潮中，毫無防備地被關進了名為婚姻的牢籠。盼望她結婚的父母，離不開她的男人，時代的規訓……母親被放在一條機械輸送帶上，她不知道這有什麼不對。

婚後，她才發現自己身處看不到邊界的牢籠。和她生活在一起的，是個不斷跟她爭吵、只愛自己的男人，一個沉溺在村上春樹世界中的男人。

「你為什麼喜歡爸爸？」我常這樣問母親。因為母親總是說父親的壞話，我不相信他們之間曾經有過濃烈的愛情。

「你爸雖然長得不怎麼樣，但是個愛看書的人。和這樣的人結婚是個大錯誤。」

母親常提起對婚姻的後悔。父親一味沉浸在書本的世界裡，完全不顧家庭。母親在他的行動中感受到了背叛和欺騙。

「不該是這樣的。」她大概在心裡咒罵過自己的單純。

「我對你爸的感情都是同情。」

但是時間不會倒流，母親懷了我。從我降生到這個世界上的那一刻起，我就注定要跟母親一起被關在牢籠中。這種荒唐化作暴力，湧向家中最弱小的我。

回顧母親的前半生，我明白了她也是犧牲者。母親確實是被時代玩弄的可憐人。

「都是因為你們，我才沒辦法離婚。如果離婚，大家就不能住在一起，你也得跟弟弟分開。久美子，你不想跟爸爸住吧？」

其實我每天都在想，如果母親能乾脆地離婚就好了。一切悲劇的根源，都是得維持婚姻的執念啊！

我想，母親是害怕離婚的。因為她想保有「公務員的妻子」和「家庭主婦」這兩個身分。她偶爾也會提起繼續當老師的事，可惜職涯中長久的空白讓她沒有自信再次站上講台。母親害怕工作。

即便如此，她偶爾也會去打打工。小城市僱用主婦的工作比較有限，大概都是些做做烏龍麵和便當之類的工作，所以每份工作都不長久。

每次母親下班回家都不太高興，對著我發洩不滿，還會用髒話辱罵一起工作的中年女人們。

「媽媽才不是她們那種人。」

母親有中學的教師證，對她來說，打工是件屈辱的事。她說過無數次自己後悔結婚，刻薄的刀子最終捅在了身為長女的我身上。

「你要是沒出生就好了。」

語言暴力一點一點侵蝕著我的心。母親感嘆自己懷才不遇，總是沒來由地感到焦躁。她每天早上起來看電視，空虛地打發時間，到了中午就出去吃飯。母親把日子過得像是悲劇女主角，她對整個世界都很悲觀，對生了孩子的自己也感到悲觀。

她的發洩方式就是貶低所有人，以此來捍衛自己的身分。當她坐在車上，看到在大熱天裡流著汗搖旗子的保全人員，會笑著對我說：「久美子，你不想像他那樣吧？所以你可要好好念書啊。」

不只外人，父親也是她的嘲諷對象。

母親會嘲諷父親生於種蘋果的農家，上大學時，父母一毛錢都沒有出。提起當年贊助父親生活費的事，她不厭其煩地說著父親到底有多無能。作為一種報復，她像詛咒一樣反覆告誡同為女性的我：「不能相信男人，男人一定會背叛你。你要自立自強，不能像媽媽這樣。」

母親的人生被男人給毀了，這是她在懊悔中得到的教訓。即便我如今已年過四十，這樣的詛咒依然有著強大的能量，緊緊束縛著我，支配著我的人生。

我不能喜歡別人嗎？母親以前應該也是愛過父親的。我最近終於發現她的一生處於巨大的矛盾中。瞧不起所有人的母親，難道自己就生活幸福嗎？回顧母親的人生，我產生了這樣的疑問。

在父母面前大哭的母親

搬到宮崎幾年後，我升上小學四年級。那時我才第一次意識到，如恐怖遊戲中的boss一樣強大的母親，身上也有看不見的傷。

週末或平日晚上，母親常開一個小時的車載我們回外公、外婆家。他們住在山上，即便在宮崎也算是個偏僻的地方。

我們的車翻越一座座山，渡過一條又一條的河後，就能看到外公家古樸的房子。我最喜歡這段旅程。打開車窗，微風輕輕拂過臉頰，眼前是連綿的自然風光。途中，我們把車停在某個車站，一起下車吃冰淇淋。那時我忘掉學校和家裡的種種煩惱，短暫得到了解放。

外婆總是笑臉盈盈地端著親手做的牡丹餅歡迎我們，還幫我們準備很多美味的拿手菜。我最喜歡甜甜的南瓜燉菜，外婆的廚藝和母親完全不同，她做的菜非常好吃。有時我們還會在附近泡溫泉，或到溪邊玩水。這些樂趣是在新建住宅區完全體會不到的，我很享受跟他們一起度過的療癒時光。

回家時，外婆會偷偷塞幾張千圓鈔票給我，囑咐我：「不要告訴你媽媽，下次再來玩啊！」為了不讓母親發現，我把錢悄悄塞進錢包裡帶回家。

在我的記憶裡，外公、外婆是非常慈祥的老人家。但母親不這樣認為。他們和母親之間，大概有著我不知道的祕密。

我常看到母親和我最愛的外公、外婆激烈爭吵，小時候我會把他們的爭吵叫做「那件事」。每次發生「那件事」，都是因為他們無意間提起其他孩子。

「你為什麼總是誇獎他們？為什麼不能愛我？從以前就一直是這樣！」

母親對著外公、外婆歇斯底里地發洩怒火。「那件事」又開始了……

他們的回答每次都一樣：「說這什麼話？我對你們幾個孩子都是一視同仁的！」

他們徹底駁回母親的控訴。有次，母親繼續糾纏：「××都有可愛的衣服穿，我卻老是要穿她們剩下的。」

那時到底發生了什麼事呢？

現在想來，那時母親是在拚命質問外公、外婆過去為什麼忽視她的存在，但他們堅決不承認。那種態度無疑是火上加油。母親當著外公、外婆的面哇哇大哭，大顆淚珠滾出眼眶，像小孩子一樣。

「騙子！久美子，我們回去！」

最後，母親拉著我的手飛奔而去。我清楚記得我的手被她拽得很痛。我們走到停車場，我哭著被母親塞進副駕駛座，母親坐在駕駛座上，藍色的眼影被哭花，整張臉像妖怪一樣可怕。她趴在方向盤上放聲大哭，眼下有兩道黑色的淚痕。當時，我並不知道外公、外婆為母親留下了怎樣的童年創傷。

我輕輕抱住母親。我知道我必須那麼做。那時的母親，和平時強大的她判若兩人，就像一條遍體鱗傷的幼犬。

那時，我清楚感受到母親的體溫，就像我對母親施暴時一樣。她輕輕顫抖著，我感受著她的體溫和心跳。那瞬間，我感覺自己好像成了能安撫母親的人。原來，曾經把我的性命玩弄於股掌之間的母親也有如此柔弱的一面，這讓我十分震驚。

「媽媽，別哭了。沒關係的。我在這裡。」我記得我總是這樣安慰她。

「久美子，對不起，對不起。沒事的。」

母親用衛生紙擦擦眼淚，睜開濕漉漉的大眼，顫抖著說：「我和你外公不一樣，我對孩子們都是平等的。我絕對不會讓我的孩子遭受這樣的委屈，不會的！」

這是母親許下的諾言，但可悲的是，她顯然沒能遵守這樣的諾言。

自殺未遂

雖然母親當時非常生氣，但過了一段時間，她又會像失憶一樣，如常去探望外公、外婆。後來，「那件事」又發生了好幾次。這是因為母親雖然已經成年，但心裡還在期待父母的愛。

每當「那件事」發生，我的心就彷彿被撕裂了一般，我不知道該做什麼，只能含著眼淚任由母親把我帶走。母親的悲傷和激動好像會傳染似的，讓我的世界中萬里無雲的晴空突然烏雲密布。看著母親的樣子，年幼的我只覺得茫然失措。

我在心裡默默地祈禱，今天千萬不要發生「那件事」。只要沒有「那件事」，我就能和外公、外婆一起度過一段愉快的時光。但這樣的祈禱毫無作用，「那件事」偶爾，不，頻繁地發生著。

記憶裡，外公、外婆都是慈祥的老人家。每次母親粗暴地責罵我時，他們都會出面溫柔地安慰我。然而，唯獨「那件事」發生時，母親開始激烈地罵他們，他們就會不顧形象地提高嗓門應戰。小時候我看不懂到底發生了什麼事。

結束「那件事」回家的路上，我總是害怕地發抖著。因為我總感覺母親計畫帶著我一起自殺。當下情況可以說是千鈞一髮。

「去死吧，媽媽！我不想活了！隨便，大家一起死了算了！」

母親嘶吼著，突然在漆黑的道路上胡亂轉動方向盤。我的身體受到猛烈撞擊，車子也越過了道路中線，衝向對面車道。對面的車急切地按著喇叭，我從沒聽過如此怪異且連續的喇叭聲。道路護欄迎面撲來，直到現在我都無法忘記當下的恐懼。

「媽媽，停下來！求你了！我好害怕，我不想死！我不想死啊！」

我又哭又叫，有時弟弟也在車上，他害怕得大哭，我只好緊緊抱住他。好害怕，害怕得不得了。母親童年時期無處發洩的悲傷竟如此強烈，以致想帶著我們尋死。

最可怕的是，車子的前進方向完全由母親決定。我沒辦法自己逃出去，只能被迫和母親成為命運共同體。我的性命掌握在她的一念之間，生死全由她操縱。那時的無力感，完全足以和童年遭受暴力時的感受相匹敵。

我們九死一生，保住了性命。現在想來，那只是偶然罷了。從母親的虐待中僥倖活下來是偶然，沒被母親的尋死舉動牽連也是偶然。

每次回家的路程都是如此驚心動魄。從母親的車上下來後，我全身無力。回到家，我們都忍不住淚流滿面。雖然心臟還在為剛才的事狂跳不已，但看到母親的顫抖，我還是忍不住安慰她：「媽媽，沒事吧？」

「對不起，我做了那樣的事，對不起。」

母親看著我，再次崩潰地哭了起來。就算是這樣的夜晚，母親還是要站在廚房裡雙眼無神地準備晚飯。

那時，我意識到我必須保護母親。像孩子一樣哇哇大哭的母親沒有可以依靠的人。父親不值得信任，他沒法安撫母親的悲傷。

只有我，只有我。能全心全意對待母親的，只有我。我清楚意識到，只有我才能全然接納母親的傷口。

我見過母親凶惡、殘暴的一面，也見過她像孩子一樣崩潰痛哭的模樣。即便她威脅我的生命，我還是為她的悲傷而難過。如果她只是個單純的魔鬼該有多好啊！可惜我不幸知曉了她的痛苦和軟弱。

這也是為什麼我直到這個年紀才能逃脫母親的束縛。透過分析母親，我明白了我和她之間存在的矛盾關係。

我還記得，「那件事」發生後，母親從衣櫃中拿出了兩本存摺。她說：「這兩本存摺裡存的錢一樣多。我對你和弟弟是很公平的。」

弟弟當時還小，聽不懂母親在說什麼。但是比弟弟大四歲的我，勉強聽懂母親的意思。嘴上說著「平等」的母親演技不錯，但她的眼睛深處閃著陰暗的光。

是的，母親一直在徹底執行平等。她所謂的平等，就是「平分」。不管是點心還是蛋糕，她一定會切成兩份。買東西也總會幫我和弟弟一人買一份。

但是，我和母親一樣，最渴望獲得的是母愛。她沒有把愛平等地給予我和弟弟。小時候的我，總是「飢渴」地等待著愛的降臨。

回看往事，長大成人的母親一定希望和外公、外婆吵架時，他們能坦誠地道歉吧。「對不起，過去讓你受委屈了。」這樣的一句話一定能淨化她的靈魂、撫慰她的傷口吧。

可惜他們直到最後都沒有鬆口。這才導致母親情緒崩潰，陷入要帶著孩子一起自殺的絕境。

作為村上春樹「鐵粉」的父親

母親的情緒之所以如地底冒出來的岩漿般不穩定，是因為她有一個處處惹她生氣的丈夫。

經常出現在媒體上的「毒母」曾多次引起轟動，但她們背後真正的加害者——父親，卻始終不見蹤影。因此，我也想在這裡談談我的父親。

之所以有這樣的想法，是因為信田小夜子曾敏銳地在她的著作中指出，父親的存在容易被人忽略。我非常認同這點。

跟擁有強大權力的母親相比，父親在家庭中不引人注目，我甚至有點困惑該從哪裡講起。也許這點和許多家庭都很相似。因此，我特別試著記述父親的故事。難得有機會，我也想把父親當作樣本來觀察，希望能有所收穫。

如果用一句話來形容父親，那就是「徹頭徹尾的村上春樹『鐵粉』」。他的書櫃裡總是放著村上春樹的全套書籍。父親把他當作神一樣崇拜。

由於過去的記憶太苦澀，我現在非常討厭村上春樹，當然這不是他的錯。我父親這個人用一句話就能準確地概括——沉溺於村上春樹，不關心家庭，心理上像個「小孩房大叔」[12]。

「春樹很厲害啊。」這是父親的口頭禪。只要說到村上春樹，他就會變得話很多，但除此之外，他對所有事都冷漠得可怕。一個典型的證據，就是父親在面對瀕臨崩潰的家庭時也能裝作毫無知覺。他對我們視而不見。

父親的書房位於二樓西側，是個採光很好的房間。父親總是一個人縮在這個三坪的小房間裡，在他眼中，這個堅固得如同要塞的房間是他的「聖域」。

父親的書房立著一座書櫃，裡頭有村上春樹所有的作品，從小說到散文，一冊不漏。《挪威的森林》、《世界末日與冷酷異境》、《發條鳥年代記》……書房中間鋪了一床被子。父親只有在吃飯、看電視和看報紙才會到一樓，其餘大部分時間都在書房裡度過。

每次臨近村上春樹新書的上市日，父親就會有點坐立難安。他總是抱怨宮崎的書店要晚幾天才能買到村上春樹的新書，東京的書店可不會這樣。

父親對村上春樹以外的事物都不感興趣。小時候我曾試圖吸引父親的注意，偷偷拿走他最喜歡的《挪威的森林》。

我永遠忘不了父親當時的反應。

發現書櫃裡的書失蹤後，他並沒有生氣。或者說，他沒有生氣的立場。第二天，看到父親的書櫃，我愣住了。他竟然又買了一本一模一樣的新書補上空缺，好像什麼事都沒發生過一樣。

那時，我感受到強烈的無力和失望。我甚至希望父親能大發雷霆，訓斥我為什麼拿走他心愛的書。

對小孩來說，漠視才是最大的傷害。

父親平時常去健身房，下班後堅持去跑步。他非常自律，每年都要報名參加馬拉松比賽。當然，這些都是村上春樹帶給他的影響。

---

12 子供部屋おじさん，指出社會後有正職工作，但心理上仍未獨立，持續住在老家小孩房裡的中年未婚男性。

我懇切地希望他能分一些關心給我和母親，但他只顧著想村上春樹，痴迷於模仿村上春樹。我們的日子過得那麼苦，他卻滿腦子只想著這些。想到這裡，我悲傷得不能自已。

我記得以前全家常去為參加馬拉松比賽的父親加油。父親的號碼牌被汗水打濕，皺巴巴的。從我們面前跑過時，他空洞的瞳孔裡沒有我，沒有母親，也沒有弟弟，像一陣風般從我們面前跑過。他總是這樣，非常擅長從我們眼前消失。

我突然發現父親的愛好裡，隱藏著足以毀滅我們家的東西。我憎恨《挪威的森林》的書脊。那本紅綠相間的書立在書櫃裡，一副若無其事的樣子。對我來說，村上春樹成了背棄家庭的父親的象徵。

他從來沒有關心過這個家，也從來沒有以「父親」這個身分活過，他只想沉溺在村上春樹的文學世界中。

父親為了保持身材，常年控制碳水化合物的攝取，每天都會吃掉小山一樣高的沙拉。母親做咖哩或馬鈴薯燉肉時，只有他一口都不吃。

他會為自己準備沙拉，把細細的高麗菜絲和胡蘿蔔絲高高地堆在盤子裡，然後一邊讀報，一邊獨自在客廳裡吃完。我最討厭父親咀嚼沙拉的聲音，他簡直像是一條專心致志地吃著葉子的毛毛蟲。總之，父親在我眼中愈來愈不像個人類。

我們一家人不合拍，在飯桌上也是各吃各的。因為沒有攝取足夠的碳水化合物，父親很容易餓，常在我們睡著後，自己去便利商店買下酒菜。

「轟——」

引擎發動的轟鳴聲打破住宅區的寂靜，不和諧的雜訊迴盪在安靜的家裡。

我們家破敗不堪，空蕩蕩的，風從四面八方的縫隙裡鑽進來。即便如此，我們還是擠在一起，勉強維持著家庭的體面。

不管家裡發生什麼事，父親都會沉默地回到那個被村上春樹作品包裹起來的巢穴中，就像棕熊回到山洞裡一樣。

他的視線穿過我們，落在遙遠的地方。他放棄作為父親的身分，貫徹村上春樹的宗旨，不斷地跑。他的心裡只有村上春樹，村上春樹的書就是他的「聖經」。他聽村上春樹的電台節目，模仿村上春樹的生活方式。

他好像跟我們沒有任何關係，樂意做個局外人。不管發生任何事，他都不會站在母親身邊。我恨他對母親的無動於衷。

我討厭占據父親心神的書櫃。我討厭奇幻小說，它們讓父親變成長不大的孩子。我想毀滅這討厭的一切。

我希望得到父愛，希望他想起自己是個父親，希望他關心母親。但後來即便他年歲漸長，眼裡還是沒有這個家。他往返於學校和家之間，然後一頭栽進村上春樹創造的甜美多彩的夢想世界。下班回到家，總是在堡壘般的房間裡一個人悶著。

父親緊閉的門扉就像一扇沉重的鐵門，將我們隔絕在外。父親就在門裡，但我甚至不敢伸手去觸碰那扇門。

我們的心靈從未相通。不知從何時起，我悲傷地放棄與他溝通。

對父親來說，家是個暫時落腳的地方。他不是我們的父親，而是借住在我們家的客人，吃完飯、洗完澡就會回到自己的房間裡。

後來，他又因為去外地工作，主動從家裡消失。他就是一個極度自私、只活在自我世界裡的男人，從沒想過這樣會給母親帶來多少痛苦。

回想過去的一切，我發現父親也是一個可憐人。當然，被他吸引的母親也同樣可憐。他們都像是極不成熟的小孩，所組成的家庭自然也只是個空殼。

第七章　性與死

衣櫃的噩夢

十八歲時，我第一次離開母親。

考上大學後，我終於告別了那個家，開始一個人的生活。

當時我天真地為第一次獲得自由而感到高興。但事實上，不管我去哪裡，母親都會追上來。得知母親想來參加我的大學開學典禮，我不由得背脊發涼。我想盡量避免跟母親同處一個空間。

母親想參與我的人生。我猜測這是因為她人生中唯一的「黃金年華」，就是讀短大的那幾年。雖然童年時期不受重視，但是大學時期她有不少追求者，而且接觸了東京這座充滿刺激的多彩城市，真可謂花一般的美好青春。但是，後來等待她的是與父親的婚姻，就像是抽中了命運的「下下籤」。

母親把我當作她的分身，想透過我再次體驗青春。但對我來說，這相當於人生被別人占有，與死沒什麼分別。所以我堅決地拒絕了她。幸運的是，我的大學離家很遠，母親最終沒有強行追來。

剛開始獨自生活時，我住在一間五張榻榻米大小的公寓裡。屋裡鋪著軟墊，隔音很差，平常甚至可以聽到隔壁馬桶沖水和說話的聲音。

即便如此，從房東手裡接過鑰匙的那一刻，我還是激動得無以言表。

只有我擁有這個房間的鑰匙，就連母親也沒有。這代表其他人無法進入我的房間，如此理所當然的事都足以讓我欣喜若狂。我在老家的房間沒有鎖，母親可以隨時知道我的一舉一動，她甚至會翻看我藏在抽屜深處的日記本。但是這個房間，是真正屬於我一個人的祕密基地。

為什麼一個人住讓我這麼高興呢？最大的原因，當然是這裡和母親的物理距離比較遠。此外，獨居意味著我終於有了屬於自己的據點，這是我第一次被允許擁有自己的色彩。

我終於靠自己獲得了在一個空間裡，盡情展現個性的自由。這裡沒有母親的物品，母親也不在這裡。這是只屬於我的空間。

與母親一起生活的十八年間，我一直很討厭家裡過多的雜物。住在宮崎的時候，家裡有很多外婆送的破爛。其中最令我討厭的，就是放在我房間裡的大衣櫃。

我非常討厭那個總是高高在上地俯視著我的衣櫃，但它是外公、外婆為母親準備的嫁妝。除此之外，還有積滿灰塵的玻璃餐具、一次都沒穿過的和服、沒人愛喝的威士忌、過期的化妝品、顏色俗氣的項鍊……這些都是母親每次去外公、外婆家的時候要來的東西。

母親對它們有股奇異的執著，即便用不上，也堅決不願扔掉。「這些以後都能派上用場，是你外婆送給我的寶貝。」

為什麼母親不願意斷捨離呢？朋友家都收拾得乾淨整潔，我家的東西上卻滿是灰塵，髒亂不堪，看到就讓人心煩。

在做孤獨死採訪工作的八年間，我發現很多孤獨死的人家裡都堆滿雜物。雜物表現了一個人最脆弱的一面。沒有什麼比雜物更能如實反映一個人的過去和心理狀態，它們也是一個人執著之物的直白體現。

家裡那些沒用的雜物，一定就是母親童年缺失的「愛的證明」，所以母親絕對不可能扔掉它們。

母親不斷從外公、外婆家拿取各種東西，有餐具、廚具、保健用品……這些東西在我家沒什麼用處，卻愈積愈多，慢慢地占據家裡各個地方。家裡的餐具幾乎都是從外公、外婆家拿來的，母親自己添購的餐具少得可憐，而且不怎麼用。結果就是放在角落積灰塵。

我常做被衣櫃壓扁的噩夢。那個笨重的衣櫃，紋絲不動地矗立在我的房間裡。它象徵著母親被家庭禁錮的悲劇，也象徵著這個家——雖然早就瀕臨破裂，但絕不會被丟棄。而童年時期的我，就是它二十四小時不間斷監視的對象。

因此，開始獨居生活的時候，我鬆了一口氣。終於能和那個衣櫃告別了。

十八歲的我不用再面對那個支配著我和母親，並且把我們束縛在家裡的大衣櫃。以前我每天早上醒來都能看到那個衣櫃，在我眼裡，它是那樣沉重、可怕又令人痛苦。

我真的逃離了那個衣櫃！意識到這個事實，我內心平靜極了。

我把高中拚命打工存的錢都用來裝飾這個小房間。我還在讀書，家裡確實會給我經濟上的支持，但我決心要用自己的錢買喜歡的東西。因為如果花了家裡的錢，就好像母親還在這裡一樣。

我第一次在陌生的大城市裡，悠閒地逛著百貨公司。

以前我以為百貨公司陳列的高級品牌家居用品都是夢裡的幻景，只會出現在雜誌上或別人家裡。而現在，眼前價格實惠的生活百貨裡，擺放著印有星星圖案的浴簾、紫色矮桌和淺綠色的電子鍋。我雖不富裕，但還是把喜歡的東西一件件搬回家。

這個房間裡的每一件物品，都是我親手挑選的，和母親的喜好無關。它們走進獨屬於我的小小宇宙，為我的世界塗上了鮮明的色彩。自由的快樂讓我無比滿足。

母親總是緊跟著我不放，我終於擁有了自己的「聖域」。遠離母親後，我終於成了普通人。想到這裡，我的淚水止不住地往下掉。

我還清楚記得獨自生活的第一個清晨。

炫目的朝陽透過薄薄的窗簾，朦朧地照進房間，我伸手拉開窗簾。那窗簾不是母親偏愛的那種鮮豔刺眼的玫瑰樣式，而是我自己選的淡雅灰色款式。湛藍的天空下，麻雀站在電線上吱喳叫。一切都是那麼新鮮、有趣。活著真好。因為有了充足的安全感，我緊繃的肩膀終於放鬆下來。

那段美好的時光大大地撫慰了我在家裡受到的傷害。

但同時，我也想到了母親。

母親還在那個家裡。外婆過世後，她還要和家裡的衣櫃、亂七八糟的舊物住在一起。

想到這裡，我的心隱隱刺痛。

獨居一段時間後，我又開始反覆做著同一個夢。

我一個人躺在關了燈的房間裡，靜靜地閉上眼睛。一旦熟睡，過去蝸居在家的「我」就會出現在夢中，高高在上地俯視現在的我。那個「我」就在這間屋子裡，和我一同起居。那個巨大的衣櫃似乎也盤踞在這裡。我把「我」的心一點一點磋磨乾淨。在夢裡，「我」像往常那樣，徘徊在堆滿雜物的家裡。有人站在廚房裡，菜刀剁在砧板上，發出「咚咚」聲。我知道那是母親，但看不清她的表情。在昏暗的燈光下，只能隱約看到她的背影。

眼神空洞的「我」向我看過來，四目相對的瞬間，我和「我」身影重疊，我成了「我」。

我從夢中驚醒，趕忙爬起來。已經是清晨了，我的身體被冷汗浸濕，很不舒服。

眼前沒有母親的身影，也沒有那個衣櫃，只有我在生活百貨買的橢圓矮桌、小台電視和白色地毯。

還好，這才是不可動搖的現實。但為什麼我的心會像被針扎般刺痛呢？為什麼我還會反覆夢到這樣的畫面呢？一定是因為我掛念著母親。母親沒辦法像我這樣自由展開翅膀，我替她感受到痛苦。

對性的強烈厭惡

隨著物理距離的增加，母親對我的干涉愈來愈少了。她的冷淡讓我有點失望，甚至讓我感到淡淡的悲涼。

母親的注意力，全部轉移到了正在備考大學的弟弟身上，加上那時外公身體不太好，頻繁住院治療，照顧外公的重責大任全落到母親身上。但最直接的原因，應該還是我們沒有住在一起。我在家的時候，她的心情應該很沉重吧，就像我對她的感受一樣。

我和她的連結，僅限於偶爾打電話報告學校生活和打工的情況。雖然盂蘭盆節等長假我會回老家，但也只是簡單地和朋友及外公、外婆見個面，便又匆匆回到自己的公寓。一回到母親身邊，我就開始忐忑不安。

這是到了一定年紀，遠離母親的視線後才能做到的事。我不必再考慮母親的想法。我好像重生了。我想嘗試那些別人看來理所當然的事，假裝自己是個在正常家庭裡長大、人格健全的女大學生。在母親的控制下長大的我，一直很自卑，所以我想不顧一切地擺脫所有桎梏。

改造完房間，我開始改造自己的身體。

高中時，我一直遵守校規，不敢染髮。這時，我把頭髮漂染成橘色，還偷偷吃了號稱含有蘑菇精華的奇怪減肥藥，極度沉迷於瘦身。我把手頭不多的錢都花在百貨公司，穿上時尚的衣服，還學朋友做美甲、買化妝品。

我積極參加社團活動，認真打工，享受著理所當然的大學生活。我刻意地模仿著普通的女大生。雖然我沒有整形，但這樣的大變身已經令我十分滿足。

但是，不管我怎麼改變自己的外表，母親的規訓還是時不時出現在我的腦海中。

其中最強烈的，就是關於性的規訓。

改變外表後，我也算有幾分清秀，雖然稱不上美女，但也有一些奇特的男人向我示好。和男性單獨相處時，只要感受到對方的性欲，我就會產生厭惡感。就算是浪漫的約會，一旦對方的語言和態度表現出兩性之間的欲望，我的情緒就會立刻驅使身體產生強烈的嘔吐感。

被我視為禁忌的感情控制著身體，導致胃酸逆流、呼吸困難，只想趕快逃離。真正做愛的時候，我也曾嘔吐不止，慌忙逃走。

我的行為無意間傷害了別人的自尊，在他們眼中，我恐怕是個怪胎。朋友曾幫我介紹酒吧的打工機會，但我受不了男人們赤裸裸的欲望，只做一天就辭職了。

為什麼我當時會如此痛苦？

為什麼會產生那樣的情緒？

我完全不明白。懵懂就是痛苦的根源。我不過是想做個普通人。

仔細想想，其實母親才是真正厭惡性的人。對她來說，一切不幸的根源就是與父親上床，然後生了我，成為家庭主婦。

她不允許我和她走上相同的道路。因此，她總是規訓同為女性的我：「不要搔首弄姿！」「一旦為男人著迷，你這輩子就毀了。你會像媽媽這樣的。絕對不能談戀愛！」

從小我就被迫剪短髮，打扮得像個男孩子。我在不知不覺間，內化了母親的價值觀。

和母親同住一個屋簷下的時候，我在房間裡貼滿了《新世紀福音戰士》的海報，努力保護自己。跟那時相比，我已經獲得了很多自由，但不知為何，我仍感到窒息。長久以來，母親在我心中根植了一個「母親」的形象，至今我依然會因她而感到痛苦。每當心中那個沒有實體的「母親」出現，我的身心都只能被她支配。

對性的憧憬

大學畢業後，我決定到東京發展。一半同學選擇回老家，但我從沒想過要回宮崎。進入母親鄙夷的性的世界，對我來說是一種自殘行為。我想做AV女優或風俗女子，我想渾身沾滿精液。我想沉浸在被母親禁止的世界中。最重要的是，我想狠狠地傷害自己。

但我有異位性皮膚炎，皮膚上滿是痂瘡，這個想法恐怕很難實現。母親的規訓依然束縛著我，她不允許我接觸性。正因如此，我比一般人還要對性感到好奇，但同時也有很強的防衛心。我是個麻煩且複雜的女人。

我很適合當編輯或作家，那樣就可以不考慮「自我的性」。我可以不做當事人，只從旁觀者的角度安全地觀察性的世界。雖然我已經成年，但我依然謹守母親的規訓。不親自參與，只做旁觀者。看來最適合我的工作，就是成人雜誌的編輯。

我希望能在成人雜誌的編輯工作中發揮寫作才能。父母一定會反對吧。即便他們不認同，我也決心要走上這條路。於是，我跟父母提了要去做編輯的事，他們自然關心起是哪家雜誌社。無奈之下，我只得告知他們出版社的名字，那是一家發行了很多成人出版物的出版社。

父母本想阻止我，但當時正處於就業冰河期，工作很難找。我跟他們解釋了就業情況，他們只能勉強接受。其實這個藉口也不算謊言，我確實在求職的過程中一再碰壁。

母親後來一定又炫耀過女兒在出版社工作的事。她不可能透露我們出版社的名字，但這已經足夠滿足她的虛榮心。

就這樣，我開始出入ＡＶ拍攝現場。在成人的世界裡，最吸引我的就是ＳＭ（性虐戀）。那時紙媒正處於鼎盛時期，我也因此有了很多參與ＳＭ雜誌編輯工作的機會。

SM與對母親的感情

作為SM雜誌的編輯，我採訪過很多繩縛師、「女王」（女性施虐者）、女M（女性受虐者）、男M（男性受虐者），也曾進入許多SM現場進行採訪。不知道為什麼，主編和讀者們特別喜歡我的採訪。很多人回饋我寫的稿比其他人的更有趣，因此，比起編輯工作，我的寫作案子愈來愈多。不謙虛地說，這大概是因為我對SM的情結比一般人更強烈。

為什麼我會被SM吸引呢？其實還是因為母親。

母親的虐待，看在我眼裡是愛的表現。在那間體罰室裡，被用毛毯蒙住的時候，被按進水中的時候，我確實非常痛苦，但那也是我唯一能得到母愛的機會。

除了痛苦，我還能感受到和母親共度時光的甜美。只有在那個時候，她才會全心全意地面對我。直到現在，我感知痛苦和快樂的機制依然是錯亂的。在母親錯位的感情影響下，我養成了SM的扭曲性癖。

漆黑劇場中，一個年輕女人和一個施虐的男人出現在聚光燈下，時間在他們之間消失了。他們禁忌的欲望得到了釋放，盡情地感受著快樂和痛苦，享受墮落，還有愛、高潮、哭泣……被捆住手腳、在極致痛苦中尖叫的女人，就像是童年時期的我自己。施虐的男人以一種極壓迫的氣勢，伏臥在女人身上。他的力量和當年母親施加在我身上的力量是多麼相似啊。那一幕，就像是我在全力掙扎的樣子。

被母親狠狠掐住的脖子。在水裡失去知覺的感覺。大腿被尺擊打的鈍痛。置身ＳＭ的世界時，被封印的濃烈感情捲土重來，我好像回到了和母親一起度過的時光。

童年時期被強大的母親壓制著的瞬間，她眼裡只有我一個人。

ＳＭ的魅力，就是讓那個女人得到解放。

她大哭著被倒吊起來，男人用一根鞭子狠狠地抽打她的屁股。終於得到高潮許可的那個瞬間，她的腰劇烈地顫抖，猛地達到了高潮。在施虐者壓倒性的力量下，隱藏在女人體內的性欲被最大限度地激發。我看到了在墮落中放飛的人性，從ＳＭ的魔力中，得到了極致的療癒。那是成年人唯一可以從不自由的肉體中解脫出來、再次成為孩子的時刻。

ＳＭ的世界給予徜徉其中的人無與倫比的療癒與包容。我可以活在這個世界上，什麼都不用想，全心享受被愛的感覺就好。

最後，女人完全淪為主人的奴隸，脖子上戴著狗用項圈。她雖然在嗚咽，但臉上的表情是幸福的，彷彿心中的陰霾被驅散了。我忘不了那一幕。身體不得自由，心卻得以解脫。ＳＭ果然很有趣。

女人身上的繩子被解開後，她崩潰地哭喊著：「一切都結束了！」我相信她一定希望施虐可以永遠持續下去，我在心裡也懇切地希望時間能再長一點。

有人曾問我：「你是不是在ＳＭ裡看到了理想的親子關係？」現在我可以坦率地回答，確實是這樣的。

我的性癖是畸形的，但那是我做自己的方式。因此，我從未打算隱瞞自己的工作。想找回一直被壓抑的自我，我就必須那麼做。

後來，我從出版社離職了。因為見過很多成人現場後，我發現比起編輯，我更擅長記錄我在現場的所思所想。

我以自由撰稿人的身分在ＡＶ劇組、牛郎店、ＳＭ現場等各處進行採訪。二〇〇〇年代初期，我接到很多成人雜誌的撰稿工作。在出版一本關於風俗場所的深度報導書籍時，我得到一個去脫衣舞劇場看灌腸表演的機會。

舞台上，一個男人在女人們的灌腸水中沐浴。我覺得那一幕美極了。舞台上一絲不掛的女人們，看起來是那麼地神聖、高潔。

我睜開眼睛，親手觸摸與母親的價值觀截然不同的世界，感受到了她鄙夷的性、她憎恨的社會、她期待毀滅的世界。

但是，我對世界的看法與母親不同，我沒有恨意。我接觸過的性工作者，都有一種見不得光的人獨有的溫柔。我被這個不可思議的世界所吸引，出版了很多關於成人行業的書。

我敬愛的電影導演森達也有句名言：「世界比你想像的更加豐富，人比你想像的更加溫柔。」是的，我所在的世界，與母親眼中的狹隘世界截然相反。在這裡，我切實地感受到了來自社會的善意。

我想過上平凡的生活

有時候，一些日常小事會突然把我拉回被母親支配的黑暗中。

我的父母偶爾會藉著看望我的名義到東京旅遊。他們像典型的觀光客，入住東京市中心的飯店，樂於到各個景點觀光、購物。我會利用工作空檔當他們的嚮導。父母來東京的時候，餐飲和交通費用都由他們出，母親心情好時還會幫我買些衣服和包包。而我飽嘗就業「冰河期」的辛酸，作為自由撰稿人的收入也極其微薄，能省下一兩天的伙食費，對我來說也不錯。

當時我的工作剛剛有了起色。雖然有一餐沒一餐的，但邀稿逐漸多了起來。這表示終於有除了母親以外的人對我表示肯定。但是，我內心的空洞並沒有得到滿足。因為成年後，我還是強烈地希望得到母親的認可。這種欲望一直在我體內叫囂著。

有次，一本女性雜誌向我邀稿。雖然篇幅短小，但是可以署名。那時，我眼前立刻出現母親的臉。我想被母親誇讚，希望被她認可，童年時期的我又回來了。

我終於可以堂堂正正地對母親說，我成了一名作家。我必須告訴她！我產生了一股無法抗拒的強烈衝動。

受到衝動的驅使，文章一發表，我就興高采烈地向母親報告。我以為她會為我的成就而高興，然而那時，母親的注意力又轉移到了另一個地方。那就是女性無法迴避的「結婚、懷孕、生育」之路。

暫且不論東京這種前衛的大都市如何看待這樣的人生道路，在我老家那種鄉下地方，它仍具有強大的吸引力。

母親時常提起和我同年的凜子（化名）。不管發生什麼事，她都會有意無意地提起凜子的近況。「凜子最近結婚了，在××辦了結婚典禮，還買了高級公寓，現在已經懷孕了。她丈夫……」

在母親看來，凜子就是一個得到了平凡的幸福的女人。

每次母親提起凜子，我表面上敷衍應和，但內心波濤洶湧，心跳都不由得變得急促。一股不知名的焦躁湧上心頭，在我心裡留下深深的傷痕。我感到很絕望。

「我沒辦法過上凜子那樣的生活。」

母親提起凜子的時候，關於她的過往記憶就會出現在我腦海中。

對我來說，凜子就是我多年自卑的象徵。剛搬到宮崎時，我常和凜子見面。那時我剃了個小男生的寸頭，而她則有著一頭飄逸長髮，我只能咬著手指羨慕地看著她。

我和她完全不同。去凜子家玩的時候，我發現她家有最流行的玩具和遊戲機。最重要的是，她的父母深愛著她，她家的家庭氛圍溫暖極了。

那時我很恨她，現在想來其實只是遷怒。我還記得我們之間爆發過激烈的爭執，甚至動了手。我討厭凜子的一切。煩躁的我曾卑劣地想，她要是能去死就好了。

凜子身上有一種擁有一切的從容，她待人溫和，還像孩子般天真。但我就是討厭她的天真。凜子總是那麼漂亮，她生活在愛裡。她能輕易獲得我沒有的東西。我恨死她了。那種感情，可能就跟母親對她姊妹們的嫉妒一樣。

因此，某天我隨便找了個理由就打了凜子。我騎在她身上，狠狠地捏了她的臉。她大哭起來，精心編織的三股辮被我扯得亂七八糟。我抓著她的頭髮，把她的臉按在地板上摩擦，想弄花她漂亮的臉蛋。

「你在幹什麼！住手！我們回家！」

凜子的父親攔住我，拉著她的手帶她回家。後來，每當想起那件事，我總是非常愧疚。因為凜子沒有做錯任何事。

凜子能穿漂亮裙子，留長頭髮，隨意跟父親撒嬌，想要什麼父母都會買給她。即便什麼都不做，她也能得到一切。她被父母捧在手心裡，可以躲在父親身後。我只是單方面討厭這樣的人罷了。

在凜子面前，我顯得好可悲。

時光荏苒，成年後我跟她只在婚喪喜慶的場合打過幾次照面。說實話，我不想聽母親提起她的近況。我想死命堵住耳朵。但是都已經成年了，一味拒絕好像也有點奇怪。所以我只能任由母親東拉西扯地講起她的故事。母親大概看透了我的心思，但她依然選擇滿足自己無盡的欲望。

我發現如今她想要的不只是文章登報、獲獎的榮耀，她還希望她的女兒能跟凜子一樣，獲得平凡的幸福。

母親的交友圈時時刻刻都在發生變化。她的朋友和親戚的孩子有些留在老家發展，漸漸都結了婚，還有了下一代。不知道他們的婚姻是不是真的幸福，至少在母親的眼中是幸福的。雖然在東京大展宏圖的女兒也有可取之處，但是僅憑這一點已經不足以向身邊的人炫耀了。

不知從什麼時候開始，平凡的幸福像電視劇《水戶黃門》中代表正義的印章一樣，成了最強大的存在。隨著母親年歲漸長，她愈來愈能體會到那個「印章」的威力。她曾經那麼厭惡平凡人的生活，如今卻希望我走上這條路。而凜子就是她的撒手鐧。

說來沒用，我又一次被母親的反覆無常玩弄於股掌之間，嘗到苦澀的味道。

對一個在功能失常的家庭中長大的人來說，要過上平凡的生活並不是件容易的事。結婚的事暫且不論，因為過去的種種經歷，我一直害怕自己有了孩子後，會像母親一樣成為施虐者。

對我來說，像凜子那樣按部就班地戀愛、結婚、做愛、懷孕，是無解的高難度課題。我知道自己不管怎麼努力都無法成為凜子那樣的人。但是我並不恨母親，反而把刀尖對準了無法成為普通人的自己。一切都是我的錯，我永遠無法滿足母親的期待。

為什麼要生下我呢？為什麼我要誕生在這個世界上呢？為什麼！為什麼！

無法變成普通人的我胸口痛極了，心都要碎了。做自己？我怎麼可以這樣想呢？

讓我感到悲哀的，是「想成為凜子那樣的普通人」這個願望。每當母親提到凜子，強烈的自卑感就會讓我胸口悶痛。凜子的身影出現在我的腦海中，和英俊多金的丈夫結婚的她、懷裡抱著孩子的她、在高級餐廳吃午飯的她。我無法控制自己的想法。

母親就像是看透了我的心一般，隱晦地暗示凜子的幸福。而這種屬於女性的平凡幸福，我一生都無法得到。母親早就透過語言的規訓斷絕了我成為普通女性的可能，如今她卻要我做回普通人。多麼殘忍的期望啊。

母親不會再像從前那樣虐待或強迫我，她甚至從未直接說過「趕快結婚」或「我想抱孫子」之類的話。她只會隱晦地用委婉的暗示來表達期望，比如她會告訴我：「今天我跟凜子的媽媽見面了，聽說凜子養孩子滿不容易的。」

她反反覆覆的暗示不斷逼迫著我，讓我難以招架。每次她來東京或在電話中提起凜子，我都能感覺到沉重的無力感。那段時間我的精神出現了問題，如果不吃精神科開的安眠藥就睡不著覺，需要長期回診治療，甚至要接受為特殊族群提供的自立支援醫療服務[13]。

儘管如此，我還是拚命地工作。

我只剩工作了。性和ＳＭ的世界是我唯一的避難所。只有沉浸在ＳＭ的世界裡，我才能忘記現實中不可名狀的噩夢。

與大島照的相遇

曾在性的世界中流連忘返的我，之所以會轉型去做關於死亡的採訪，是因為在一個偶然的機會下，我採訪了大島照先生。他二十五歲後創辦了一個網站，專門收錄發生過死亡事件的房屋資訊。

當時，我熟識的攝影師友人剛好負責大島照舉辦的「事故屋之夜」活動攝影工作，他邀請我一起參加。活動中播放了很多關於事故屋、自殺直播等主題的影片。現場有很多年輕女性，氣氛異常熱烈，那場面讓我印象深刻。

在閣樓的休息室裡，攝影師友人為我引薦了大島照先生。我對他的第一印象是氣質出眾，有強烈的人格魅力。

我被他的性格吸引了。比起事故屋，他身上與常人不同的氣質更有魅力。我向他提議一起寫本關於事故屋的書，他爽快地答應了，接著就很快地啟動這個企劃。

當時網路媒體開始興起，成人雜誌逐漸衰落。我希望能將寫作範圍拓展至一般女性雜誌，所以對我來說，「啟動事故屋企劃」這項新挑戰也算是順水推舟。

然而此前我從來沒有機會接觸事故屋，所以只能從大島照那裡獲取最新資訊，推動採訪工作。得益於他的介紹，我親眼看到很多事故屋。一開始我不知從何下手，但我後來注意到，事故屋背後往往隱藏著不為人知的陰暗面。

---

13 旨在幫助患者恢復或提高自理能力的醫療服務和支援，常應用於康復、長期護理或精神健康領域。

起初大島照傳給我的，是一間東京江東區的公寓資料。那間公寓的窗戶和所有出口，都被嚴密地封住，一隻巨大的蒼蠅在廚房排氣扇附近飛來飛去。可能是因為天氣不熱，很多住戶沒有開空調，只是將門開一道隙縫，家裡開著風扇。

第二間是位於江戶川區的公寓。發生事故的那一層樓同樣守衛森嚴。雖然無法進入公寓，但能聞到一股異常強烈的臭味。那股臭味有點甜膩，我之前從未聞過。

「這就是屍臭嗎？」

我當時非常震驚。我們只在那裡待了十分鐘，但是那股屍臭彷彿留在我的鼻腔深處。

這兩起事件都屬於孤獨死。後來我又尋訪了不計其數的事故屋，幾乎沒碰過自殺或他殺事件。

在大島的介紹下，我認識了專門打掃事故屋的清潔工。我從他那裡得知，大部分的死亡事故，都是孤獨死。

孤獨死的他們和我的共通點

為什麼會有那麼多孤獨死事件？我想在採訪中進一步挖掘原因。關於事故屋的書出版後，我向所有出版社提議，應該再出一本關於孤獨死的書。不久，一家出版社表示有合作意願。這次，透過採訪特殊清潔工，我接觸到了孤獨死的現場。

如果用一個詞來形容孤獨死的場面，那就是「殘酷」。孤獨死多發生在夏季，因為那時屍體會發臭，更容易被周圍的人發現。

大部分的事故屋空調是壞的。為了不讓室內的臭味外溢，特殊清潔工必須關上窗戶，忍受地獄般的灼熱，穿著防護衣工作。房間裡沾染到體液的地方爬滿了蛆蟲，幾千隻蒼蠅撲面而來。孤獨死的人，大多數住在堆滿垃圾或雜物的房間裡。有時甚至得爬過一公尺以上的垃圾山，匍匐著才能勉強前進。在這裡，我看到了被社會孤立、走向墮落的人們。

孤獨死的案例中，選擇自我忽視的人占了八成，任由房間變成垃圾堆。自我忽視也被稱為自我放任，指無法自我照顧，外在表現為房間髒亂、垃圾成堆、寵物多得離譜、拒絕就醫等。

自我忽視也被稱為「慢性自殺」。造成自我忽視的原因很多，有的人因為在職場上遭遇霸凌，離職後閉門不出，還有些男性是在離婚後被社會孤立。

因為以前的經歷，我的自我認同感非常低。一旦工作不順利，我就會躺好幾星期。有時懶得倒垃圾，就堆在家裡。我的生活習慣也十分墮落，從早上就開始吃零食，曾經因為不刷牙導致蛀牙惡化。所以這些案例對我來說並非無關緊要。

我花了很多年的時間，到孤獨死現場進行實際採訪，並出版了兩本關於孤獨死的書。「你真厲害，敢去那種地方。」我身邊有很多人對我的工作表示震驚。其實我能堅持下去，有個很大的原因是，在長期現場觀察的過程中，我發現自己和他們具有共通點——生存艱難。

很多孤獨死的人，都是因為與父母關係緊張才陷入自我忽視的境地。

例如，一位五十多歲的男性在一間單身公寓中去世。我進入他的房間時，感覺這個房間彷彿是個要塞。房間中央鋪著一張墊子，周圍是一堆堆貼著二手書店標籤的書和CD。因為量太大，堆成了一座小山，搖搖晃晃的，險些崩塌。

男人一直都是獨居，用自己喜歡的東西「築巢」。除了買食材，他一步都不願踏出這個房間。他的房間，和我那間貼滿了《新世紀福音戰士》海報的房間何其相似。曾經因為母親而痛苦的過去又一次浮上心頭。

採訪死者的妹妹時，聽說他和妹妹幾個月前見過面。雖然她有時會和哥哥通話，但因為遠嫁，關係不免疏遠了些，上次見面已是二十年前的事。時隔多年再次見到哥哥，她嚇了一跳。因為他看起來完全是個老人的樣子。

他牙齒掉光，身上散發出刺鼻的臭味。這就是自我忽視的結果。

他大學畢業後任職於一家上市企業，可惜後來遭到上司的職場霸凌，被迫離職。他靠積蓄在這間公寓裡閉門不出，生活了二十年。妹妹幾個月前聽說哥哥的窘境，希望能幫他重拾生活的信心，卻遺憾等到了他死亡的消息。

為什麼他會過上這樣的生活呢？聽他妹妹說，以前嚴肅的父親對他實施了教育虐待。

他原本性格沉穩，平時喜歡讀書、聽音樂，但父親覺得這些東西會影響他的課業，對他的嗜好十分反感。因此，他開始強烈地反抗父親，性格變得陰晴不定。

離職後，他沒有可以信賴的人。因此即便開始自我忽視，也從未向別人求助過。他不能回老家，也沒想過跟誰傾訴自己的窘境。即使身體壞了，牙齒掉了，也要拚命活在最愛的書籍和ＣＤ世界裡。遺體被發現時，室溫超過攝氏四十度。地獄般的高溫殘忍奪去了一個被社會孤立的男人的性命。

我被他的故事深深觸動。我在現場強忍淚水，回家後哭了好幾次。我不覺得他的死和我毫無關聯。繭居、被父母虐待……他和我有很多相似的地方。可能我就是他，他就是我。

第八章　拋棄母親

苦於母親詛咒的女兒們

我像是被無形的力量催促著，以最快的速度在網路上發表關於孤獨死和自我忽視的文章。讀者可以在手機上免費閱讀，因為我希望買不到書的年輕人也能讀到這些內容。

多次採訪中，我深切地感受到，寫作時，比起孤獨死，我更想把焦點放在已故之人的生存困境上。我希望讀者能藉此體會到他們的艱難，哪怕只是一些片段也好。因此，我在寫作時並沒有採用新聞記者的客觀視角，而是將自己過去「繭居」的經歷赤裸裸地袒露出來。

我的文章一直在讀者中迴響熱烈，我也常在網路上收到來自讀者的評論。不僅關於文章的感想，有些讀者還向我傾訴家人陷入自我忽視的煩惱，甚至有二十多歲的年輕人擔心自己將來也會遭遇孤獨死。

其中一個女人的留言讓我非常震驚。那時正是炎熱的夏季，也是孤獨死的激增期。

「我可能也會死在垃圾堆裡。」

我的社群帳號收到一個四十多歲女性傳來的訊息。我直覺不妙，立刻打電話聯繫她，得知她住在長崎，正靠著政府發放的救助金過活。

那個女人的家髒亂得像是垃圾堆，空調也壞了。因為垃圾堆得太高，導致窗戶打不開。封閉的房間裡，室溫超過四十度，她不知道該怎麼辦。

女人不相信行政機關的人，也不想讓別人知道她的窘境。很多住在「垃圾屋」裡的人都有類似的想法。因為很多人曾被強制要求清空房間，導致許多珍貴的回憶丟失，造成他們的心理創傷。

因為一些原因，她跟母親斷絕往來。因此，除了我之外，她沒有人可以依賴。如果我袖手旁觀，她大概活不久了。總而言之，她的狀況非常糟糕。

那個女人的生命危在旦夕。我察覺到這件事非同尋常，於是立刻坐飛機趕往長崎。

我和她約在一間家庭餐廳見面。她看起來乾癟、消瘦，顯然沒有好好吃飯。我勸她吃點東西，她便吃了我點的蛋糕。

隨後，我們回到她的單身公寓。一打開門，迎面就是一座堆到天花板的垃圾山，無數蒼蠅在旁邊飛舞著。房間中央有一塊凹陷，那裡放著她的床。她的生存環境比叢林更艱苦。

為什麼會變成這樣呢？

根據她的說法，我發現痛苦的根源，就是她的母親。

她曾是一名拚勁十足的業務，有一個妹妹。某天，妹妹孤獨地死在自己的公寓裡。最寵愛妹妹的母親不講理地把責任全部歸咎於她。

「都是因為你沒有跟你妹妹聯繫！」事實上，妹妹的死跟她毫無關係，母親卻單方面怨恨她，每天打電話到她的公司，罵她是殺人犯。

女人精神崩潰了，真的以為妹妹的死是自己的錯。感到愧疚的她反覆苛責自己，無法原諒自己，並沉迷於花錢請人進行電話占卜，只為了知道已逝妹妹的想法。

她只要有時間就會打占卜電話，那名未曾謀面的占卜師是她唯一能排遣寂寞的出口。不知不覺間，她的債愈欠愈多。

為了不接到母親打來的電話，她不用手機的時候就會關機，所以她的手機從來不會響。但她還是像中邪一樣，整天提心吊膽，害怕手機突然響起。顯然，她害怕的是母親那看不見的影子。

她想擺脫這間垃圾屋，斬斷和母親的一切聯繫，重新開始生活，但是她做不到。為什麼？因為她不停地譴責自己：「都是我的責任，都是我的錯。我是個廢物。死了也是活該。」她被過度的自責困在原地。

她的痛苦，和中學時期的我很相似。

在母親的訓斥下，我真的以為自己是個廢物。那時，我的人生停滯了，每天都在絕望裡掙扎。

看著她的身影，我覺得自己彷彿正在與她疊合，心中苦澀難耐。眼前這名女性，因為母親的幻影而痛苦，連性命都險些不保。欠下高額債務，在堆滿垃圾的家中陷入性命垂危的絕境，很明顯都是出於其母親的影響。

她就像是另一個我。雖然我們外表不同，但都是因母親而痛苦的女兒。我甚至覺得她的痛苦就是我的痛苦。曾經繭居在家的我，如果踏錯了一步，可能此時在垃圾屋裡等待死亡的人就是我。

當時最好的辦法就是幫她介紹我在採訪工作中結識的人們，幫助她重啟人生。於是我請來一些值得信任的民間團體，並和清潔人員一起幫她整理家裡。

與她的相遇，是一次巨大的轉機。

我愈來愈深刻感受到，對很多孤獨死或自我忽視的人來說，父母是問題的關鍵。那個女人能得到拯救，最大的原因是她願意主動求救。而很多有著相同情況的人，因為自我認同感低，不信任別人，連主動尋求幫助都沒辦法。此時此刻，世界上恐怕還有很多人命懸一線。

面對這樣的社會，我什麼也做不了嗎？我能為那些擁有同樣煩惱的人做些什麼嗎？

在自我忽視或孤獨死的現場，我看到了冰冷的現實，還有那些人無法言說的巨大困境。我和母親會走向怎樣的未來呢？我們的關係將何去何從？

對於未來的人生，我非常不安。

在採訪的過程中，還有一個女人給了我很大的啟發。她是一名護理師，一個年紀比我大一輪，大約五十多歲的可憐女性，被迫要照顧讓她痛恨的母親。她在成長過程中，飽受母親的漠視，甚至被母親笑著說：「都是因為你哭個不停，我才捏你腳。」即便長大成人了，她還是無法擺脫童年的影響，患有飲食障礙。

在她母親身體還健康的時候，兩人的關係還過得去。真正讓她煩惱的，是母親進入養老機構後的事。

她母親在機構裡三番兩次地惹事，護理人員認為她母親就是一切麻煩的源頭。雖然還不至於送進精神病院，但她被迫要一次次把母親從一個養老機構轉到另一個機構。每次母親惹了麻煩，她就得忙著去找新的機構。

護理人員不知道她們母女間的過往，冷冷地對她說：「你可是你媽媽的驕傲呢。」然後指示她將母親要求的東西送過去。她每個月都會收到母親的咒罵信。「你送來的衣服連貓狗都不穿，我還以為我是乞討的。」

母親的來信從沒提過對她的感謝，只有滿滿對她的恨意。她只能按照母親的要求，不停地送東西過去。

她的身體愈來愈衰弱，看起來憔悴不堪。一次，她在養老機構看到流感疫苗的接種通知，甚至心想：「要是就這樣得了流感死掉就好了。」

我在她痛苦的臉上，看到了自己的未來。同為被母親虐待的人，我非常能理解她的痛苦。

「有毒父母」的人生終點站

我在多次採訪中，看到了子女在「有毒父母」臨終前被迫承受的痛苦。

父母還健康時，一切都還過得去。但遺憾的是，人很難永遠保持健康。如果說成年前在父母身邊度過的日子是痛苦的第一階段，那麼第二階段，就是「死亡終點站」，也就是從臨終前到處理後事的這段時間。

第二階段中，父母和孩子的關係必然無比親密。但這時容易發生二次傷害，因此子女們往往很痛苦。很多人和前面這名女子一樣，沒有和母親同住，但仍被母親折磨著。

從那時開始，我發現自己必須直面社會上很普遍的「有毒母親」問題。

我必須保護像她這樣的人。這個社會用道德枷鎖強迫別人背上照顧父母的責任，而她卻要與強大的社會共識抗衡。她無法招架，只能被深深地傷害。

我非常氣憤，也為她感到遺憾。她的痛苦就如同我的痛苦。我必須毫不猶豫地站出來，面對這樣的社會。而且，我彷彿能在她身上看到我和母親的將來。

那時，我的母親六十多歲。在旁人眼中，那應該是我和母親關係最好的時候。那段時間我出版了很多關於孤獨死的書籍，也作為專家被很多媒體採訪。在母親看來，我已經踏實地踏上了成功的人生道路。

看到我的成功，母親非常高興。雖然和她期盼的平凡女性的人生不同，但得益於我出版的書，她有了能在老家親朋好友面前炫耀的資本。她開始肉麻地討好我、吹捧我，在電話裡都能聽出她心情很好。

那麼，我是怎麼想的呢？

和母親打電話或見面時，幼年時渴望被母親寵愛的小孩又出現在我心中。如果說被母親認同讓我不高興，那肯定是騙人的。說實話，我很高興。被母親稱讚的時候，我的心就像飄起來一般。雖然我臉上已經有了皺紋，但我還是極度渴望得到母親的認可。成為讓母親驕傲的女兒這件事，帶給我無上的喜悅。

但我也很焦慮。之前我一直對母親的衰老視而不見，但她還是一天天老去了。我大學畢業後就搬到東京，唯一的弟弟也離開了家，忙於工作，假如父母發生什麼事，不可能立刻丟下工作回家。母親一個人住在宮崎，要是父親去世了，母親該怎麼辦呢？

母親才六十多歲，雖然必須長期吃調節血壓的藥，但身體還算健康。因此，我們的關係還能處於微妙的平衡狀態。但是，如果今後父母身體狀況不佳，我難道要像那位護理師一樣，如同背負十字架般，背著衰老的母親一起生活嗎？

沉重。太沉重了。那時，我被母親亡靈般的詛咒所折磨，惶然不知所措。我曾拚命渴求母親的愛，貪婪地祈求她的認可。

我們的關係古怪且扭曲，複雜的因果難以解開。我非常愛母親，也非常恨她。我的感情在兩個極端之間如雲霄飛車一樣，上下顛簸。到了這個年紀，我還在沒出息地渴望著母親的愛嗎？我每天都在反覆問自己。

我終其一生都在渴望母親的認同，但也拚命想從她身邊逃離。

我對母親混沌、複雜的情感把我推入了痛苦的深淵。

可怕的是，就算內心再矛盾，我也必須懷著對母親的複雜的情感，承擔起照顧母親的責任。

我們一次又一次被母親傷害，生存如此艱難。到死之前都會如此痛苦嗎？必須一直如此痛苦嗎？

不，我們可以得到自由。

起碼在人生的最後，我想得到自由。在生命走到終點之前，我必須跟母親訣別。我不想再為了得到母親的認可而成為奴隸。我必須徹底和母親告別。為了在社會層面上逃離母親，我們必須先在現實中創造「子女不必盡孝」的選擇，尋找更多志同道合的夥伴一同攜手努力。

被母親虐待一事發生在很久以前。如今回顧整個日本的情況，「家庭」這個概念形同虛設，一步步流於形式，但很多人仍苦於根深柢固的血緣主義。這是我在採訪時發現的尖銳事實。

我迫切地尋找著能替我和家人承擔一切的存在。

就算我想從父母身邊逃離，也無處可去，選擇少得令人發笑。血緣主義下的社會形態要求孩子必須贍養父母，這種想法在日本根深柢固。

在不遠的將來，這會是我需要面對的重大危機。未成年時，無助的我把《寫給日本最醜陋父母的信》當作聖經，它就像我生命裡的安全繩。幾十年過去了，如今還是有很多人必須在死亡之前，直面令自己痛苦的「有毒父母」。

世界上，還有好幾萬人有著這樣的煩惱。光是想像，我就不由得渾身顫抖。

我的責任，就是與社會開戰，反抗這個把天真的正義強加在個人身上的社會。我要把潛藏的痛苦揭開，給大家看個明白。這件事只有我這個橫跨多個領域的當事人、採訪者才能做到。

隨著採訪的深入，我終於聽到自己內心真正的聲音。

之所以一直執著於父母的話題，是因為我想遠離母親，獲得自由。我想拋棄母親。之前我一直壓抑著這樣的想法，是因為社會不可能允許，多想也無用。

但後來，我一直在思考拋棄母親的方法。怎樣才能遠離母親，獲得自由呢？

我留意到臨終工作者這個族群。幸運的是，自從開始做孤獨死的採訪，我有很多機會能和殯葬業者、事故屋仲介等臨終工作者接觸。這些公司裡，有的專門為獨居的老年人提供服務，很多從業人員樂於創新挑戰。我想，他們的服務一定潛藏著重要的提示，也許那就是破口。

推動「代理家人」服務

採訪事故屋的過程中，我結識了一般社團法人ＬＭＮ裡，負責「代理家人」服務的遠藤英樹先生。所謂代理家人，就是代替家庭裡的兄弟姊妹或兒女提供服務。他們的業務範圍十分廣泛，從老年照顧到臨終送葬均有涉獵。

很多臨終工作者理所當然地宣稱自己能提供「親屬愛」，但遠藤英樹和他們不一樣。他的眼神很冷靜，似乎絕不會用倫理觀念來綁架他人，令人印象深刻。不知為何，和遠藤英樹在一起時，我總是感覺比較輕鬆。

我對代理家人的服務燃起興趣，多次對他進行採訪。

遠藤英樹說，「代理家人」這項服務無須由本人申請，讓我很震驚。很多前來申請業務的，不是獨居老人，而是他們的家人。簡單地說，他們希望有人能替他們照看家裡的「包袱」，只是每個人的情況各有不同。

一次，我和遠藤英樹一起前往工作現場，發生一件令我驚訝的事。他和一名女性約在東京的咖啡館碰面，談話間，她激動地說：「如果沒有你，我不知道該怎麼辦。一想到要把弟弟的病床搬進我們家，我都要昏倒了。」

因為遠藤英樹，大家得到了幫助。我仔細地聽他們聊天，才知道原來女人有個多年沒聯絡的弟弟。有天，她收到醫院通知，說弟弟突然暈倒，需要有人照顧。她十分迷茫，於是聯繫了遠藤英樹。當她得知遠藤英樹能提供相關服務，終於鬆了一口氣。

我要的就是這個！

我也想把母親晚年的事務交給遠藤英樹打理。母親健康的時候，一切都沒問題，但她總會老去。到那時，我一定會受到傷害，疲憊不堪。我想拋棄一切。

不只我得到幫助。遠藤英樹和其他同類型公司的人不同，他能傾聽每一個委託人與家人之間的難處，不予以肯定，也不否定，自然的態度讓人很舒服。我相信遠藤英樹一定深深理解這種不可修復、錯綜複雜的家庭關係。

我在多次採訪中，瞭解到世界上有很多人因為父母而感到痛苦。遠藤英樹希望能為這些人提供幫助。他為被迫在晚年照顧父母的孩子們打通了一條逃避現實的道路。

我希望有更多想拋棄父母的孩子能認識遠藤英樹提供的代理家人服務。他還在獨自拓展業務，像草根一樣無人知曉。我暗暗希望，遠藤的服務能不斷發展，早日普及。

與「有毒父母」最後的對峙，就像堂吉訶德的故事，是件勞心勞力的事。我們必須和世間的一切宣戰。在血緣主義的世界中，毅然揮動反抗的大旗。我不知道子彈會從哪個方向射來，我們這些被「有毒父母」養大的孩子必須參與這場游擊戰，時刻監視戰況。

社會理所當然地規範人們應該尊敬父母。血緣社會中壓倒性的無力感讓我覺得熟悉，就像幼時面對強大的母親時的感受，幾乎讓人心死。

因此，我們需要像遠藤英樹這樣的人。為了讓他的業務廣為人知，我必須幫助他。我不能再像小時候一樣，只知道發抖。這是曾經長期被母親束縛的我，如今唯一能為社會做的事。

我和遠藤英樹必須打開局面。為了我們自己，也為了所有同樣遭受父母折磨的步履維艱的人們——那個在長崎的垃圾屋裡奄奄一息的女人；那個受到父親的教育虐待，躲在房間裡掉光牙齒的男人……他們的身影浮現在我腦海中。每種結局都是遭到母親虐待、繭居在家的我可能面臨的結局。

曾經一心想死的我，因為《寫給日本最醜陋父母的信》而重拾活下去的信心。因為與那本書相遇，我眼前的那團迷霧才被吹散。

日本社會一般不認同「逃避」這樣的作為，但是，為什麼不可以逃避呢？我們一直飽受折磨，痛了自然會想逃。

為了逃離父母，我們可以選擇外包贍養父母的工作，不需要被世間的常識所困。至少在人生的最後，不，應該說，正是因為已到了人生的最後，我才想與母親分別，遠離痛苦。我要和不允許這一切發生的社會抗爭。

幸運的是，或者說諷刺的是，我的筆可以作為武器。這是母親親手為我打造的武器。如今，我要靠它站起來。

我向出版社提出企劃，想寫一本關於拋棄父母的孩子的書。這個企劃順利通過了。出版後正式書名為《家人遺棄社會》，彙集了很多想要拋棄父母的孩子的真實聲音。出於私心，我還特地在書裡介紹了遠藤英樹的業務。

此外，雜誌《週刊ＳＰＡ！》對我的工作很感興趣，我在他們邀稿的文章中，也大力宣傳了遠藤先生的工作。該期雜誌的最後還刊登了我和《與「有毒父母」斷聯》（毒親と絶縁する，集英社）的作者兼評論家，古谷經衡的對談。

我心裡其實非常緊張。雖然我已經做了很多努力，還是會擔心遭到社會的冷眼。沒想到，結果跟我預想的完全相反，很多持有相同觀點的人傳送支持的訊息給我和遠藤先生，讓我更加堅定信心。

原來，社會上有那麼多女性因為「有毒父母」的贍養問題而痛苦。現實第一次赤裸地呈現在大眾面前。

「想要拋棄父母。」

「想跟他們拉開距離。」

文字透露著他們的悲哀。我非常震驚，讀者給我的回饋竟如此熱烈，讓我開始思考今後到底該做些什麼。

後來，我在網站上發表了許多關於想拋棄父母的孩子的文章。我希望這些訊息能傳達給更多的人，即使逃離父母、獲得自由的人只多一個也好。這小小的反叛，是我投向社會的「自製炸彈」。我的發文雖然流量不算高，但確實有人看到了。

因為有愈來愈多想拋棄父母的孩子來找遠藤先生幫忙，目前遠藤先生的業務依然在服務著社會上潛在的、罕見的需求。

我的書和遠藤先生的工作被各大媒體報導，我和遠藤先生也有了緊密的合作。經常有電視台邀請我上節目，但我堅持拒絕。導演很驚訝我的這項決定，但我認為要站在大眾面前的，不是我這個採訪者，而是真正能為想要拋棄父母的孩子提供幫助的遠藤。他站在鏡頭前，能成為很多想拋棄父母的孩子們的代言人。後來，如我所願，遠藤先生的工作成為一種思想潮流。曾經由遠藤英樹一個人發展的業務，如今影響愈來愈廣泛，遠遠超過當時的想像。

和母親一起去脫衣舞劇場

不可思議的是，我在媒體上大談拋棄父母的時候，仍和母親保持著緊密的關係。年紀愈大，母親就愈聽我的話，我們之間的強弱關係早已發生了天翻地覆的轉變。

母親知道自己正在一天天老去，總有一天只能依靠女兒。她認為將來只能靠我養老，因為弟弟是男孩，不能承擔主要照顧她的責任。我憐惜母親，但她的期待讓我感到沉重。新冠疫情來臨前，我抓住母親的弱點，帶她去了東京的一個地方。

我帶她到淺草的脫衣舞劇場。為什麼要去那裡呢？我之前著迷於脫衣舞，寫了很多相關發文。我知道母親討厭性，即使這樣，我還是想讓她看看。

舞女們在閃耀的燈光下脫去衣服。即使在別人面前一絲不掛，她們也沒有因此而失去尊嚴。舞女們所展現的，是凌駕一切的、壓倒性的「愛的源泉」。

那個瞬間，我被巨大的愛意緊緊包裹著。這種愛超越了父母愛，是可以包容一切的愛。它是無比聖潔的存在。

我遍體鱗傷的心靈在劇場中得到了淨化，所以無論如何，我都想帶母親一起來看。我們兩人一心同體，所以四十年來，我們一起痛苦著。

希望得到救贖的母親。和我一起痛苦的母親。我和母親都犯了錯，我們都不是完人，所以我們需要彼此。

但是，我們終於得到了解放。

我們可以自由了。

我們可以分別了。

「久美子，好美啊。」母親看著那些舞女，小聲喃喃著。

有這句話就夠了。我的眼淚奪眶而出。這可能只是她看我臉色所說的客套話，但我已經滿足了，這樣就夠了。我們之間真的到了分別的時刻。

那個時間、那個空間，大概就是我和母親分開的預兆。這是我能送給母親的最後的禮物——讓母親暫時得到解放，讓不知愛為何物的母親接觸到舞女無私的愛，讓她做回一個女孩。我想讓母親看看我親手打開的廣闊世界，讓她感受一生沒能得到的愛，哪怕只是碎片也好。

那時，我和母親的關係進入倒數，離別的時刻悄然逼近。

我的心在和母親訣別。我對她的感情，不再像從前那樣動搖了。跟許多拋棄父母的孩子接觸時，我學到了很多，擁有愈來愈強大的勇氣，心也愈發堅定。我聽到了內心真正的聲音。

母親對我來說，太沉重了。

我不想面對母親，不想照料她，也不想親眼見證她的死亡。她去世後，我不想幫她掃墓。我想得到徹底的解放。我想一刻也不停地逃離。

我不想為她養老，不想為她辦葬禮。

我向自己提問，嘗試如此宣告。於是，我的心情變得舒暢了嗎？不，不可能。我還是很痛苦，腦海中浮現「不孝女」這三個大字。

這就是世俗的想法，是之前一直煩擾著我的名為「正義」的暴力。這些聲音像蒼蠅一樣揮之不去。我潛意識中也受到了這種「正義」的影響。可是如果不逃走，我的傷口一定會再次裂開。

逃跑有什麼錯？拋棄母親有什麼錯？

我必須真誠地面對自己。我要過上屬於自己的人生。再來，就是和母親及過去的自己真正了斷的時候。我不能再置身事外。

與母親訣別

長野的地方報《信濃每日新聞》請我寫了一年的連載稿件。連載最後，我決定以我畢生的志業「拋棄父母的孩子」為主題寫一篇文章，以我和母親之間的故事作為結尾。

現在想來，小時候的我為了向報紙投稿，學會用上帝視角看事情。為了使用這樣的視角，我必須抹殺自己的存在。這是母親所期盼的。那時，我為了得到母親的認可，沒日沒夜地努力著，每天強迫自己堅持投稿，學習成年人的語言，看別人的臉色度日，努力維持資優生的身分。我為了母親筆耕不輟，堅持用成年人的語言學習、探討社會問題。但那樣做，束縛了真正的我。

無處宣洩的痛苦，險些讓真正的我迷失。

因為種種前緣，我選擇在報紙上講述我和母親的故事。為什麼執著於代理家人服務？因為我想拋棄母親，我想過自己的人生，我想和母親訣別。

如今，我必須用自己的語言來書寫故事。我想向讀者傾訴，我想找回真正的自己。為了找回自己的語言，我終於放棄了上帝視角。

母親就像殭屍遊戲裡的最終boss，具有第二形態、第三形態，一次比一次變得更厲害。她的力量就是「柔弱」。我被母親恣意玩弄，總在最後一關敗下陣來。

終於到了能打敗她的那天。是時候打倒我心裡的「母親boss」了。這只能由我自己下決心去完成。

一般遊戲的完美結局，要打倒boss才能看到。我已經擁有一切能打倒母親的道具，只剩下定決心。

我在寫給《信濃每日新聞》的稿件中，寫下了被母親虐待的經歷，然後按下傳送鍵。發表前，編輯慌張地寄了封信給我。

「您母親好像也訂閱了我們的報紙，這篇文章真的可以發出去嗎？」

「沒問題。」

我就這樣回覆了信件，沒有一絲猶豫。儘管如此，我還是不由自主癱倒在地。那瞬間，我和母親之間看不見的線「啪」的一聲，斷掉了。同時，有些東西重新啟動了。我在悲傷的同時，產生一絲不可思議的解脫感。

從那之後，我再也沒有和母親聯繫過。

沒有什麼能動搖我，因為我已經拋棄了母親。

為了得到自由

在那之後，等待著我的是什麼呢？

弟弟成了母親唯一的依靠。如果按照平均壽命推測，父親先一步離世，母親可以依靠弟弟走完人生最後一程。這是一種模式。但世事無常，人生中盡是不可預測的事。如果發生意外，弟弟有可能先一步去世，也有可能他本身也不願照顧母親。

這樣的話，就需要一套備用計畫。我會委託遠藤先生，使用由他創立、我自己也參與過的代理家人服務，把母親的養老事宜和後事一併委託給他的團隊。

困難的是，老家會留下很多遺物。整理遺物可說是與她血脈相連的我的最後一件大事。不過，不管是什麼形式都無所謂。

如果由我親手完成，可能會精神崩潰。最好的情況也不過是看到舊物，想起件件往事，然後疲憊不堪。

那個家塞滿了被愛支配的母親一生的痛苦，她曾在那裡拚命掙扎。我不想像她一樣，讓自己置身痛苦之中。我想放手，不再讓人生被有形的物品和無形的愛所控制。我想得到自由。

社會上有專門整理遺物的工作者，也有負責特殊清潔的工作者。我非常瞭解他們的工作，是他們背負了人們沉重的後事。拋棄母親後，我沒有勇氣，也沒有力氣面對留在家裡的遺物。在這種狀況下，我想把整理遺物的工作也全部委由他人完成。

誠實的工作人員如果在遺物中找到存摺或錢財，都會還給委託人。有趣的是，他們還知道很多流通的管道。日本的二手衣物和家具在國外很熱門，所以還能穿的衣物、家具會出口到菲律賓等國家，被二次利用。我真心希望有人能用到那些塞滿母親的悲傷和怨念的遺物。這樣的話，那個衣櫃就不會變成大型垃圾，它可能會在世界上的某個家庭獲得重生，每天聽著溫馨的歡笑聲。

母親留下來的物品，和盤踞在家中的悲傷過往，都會因為去了其他人家而得到重生。

這麼一想，把整理遺物的工作委託他人完成也許不是件壞事。我沒必要獨自面對母親，我可以借助其他人的力量。

清潔人員對房子進行清掃後，裡面大概再無母親的蹤跡了。我什麼都看不到，什麼感覺都不會有。我看到的，只會是一間乾乾淨淨的房子。有天我會賣了它，推倒重建後，又會有新的人住進來。

人們就在這種不可思議的迴圈中活著。有人能為我代勞棘手的事。物品、土地、人，一切都在輪迴，沒有什麼是永恆的。我們只要透過力所能及的事來幫助別人就好了。

讓痛苦就此終結吧。我想為自己的人生終章選擇最輕鬆的道路。不管是代理家人服務，還是遺物整理的工作，都是為了我的幸福而存在的。

我要逃走。無論如何，都要從母親身邊逃走，徹底離開母親。我能逃到哪裡去呢？我將靠今後的人生來尋找答案。

幸運的是，在現代社會中，有人能成全我的逃避。我只是走得比別人快一些。我想大聲告訴大家，正因我已吃盡苦頭，所以借助他人的力量不是壞事，逃避也不是壞事。

我想告訴所有苦於父母的人，你們受委屈了。讓我們一起逃避到最後一刻吧。正因為到了人生的最後，我希望你們能乾脆俐落地逃跑，不要再逼迫自己。

不管有多少閒言碎語，不論別人如何指指點點，不管選擇哪種方法，我都和你們在一起。今後仍無法逃脫，仍感到痛苦的話，該怎麼辦呢？

難道還要一邊叫著「好痛苦」，一邊繼續掙扎嗎？今後，我還會在焦慮中繼續探索讓自己輕鬆的方法，然後用自己的語言，把這個過程告訴大眾。希望能給予困頓的人們一些力量。

母親留給我的東西

我喜歡東京，因為在這裡，人與人之間能保持距離。對經歷過黑暗繭居時期、極度害怕別人眼光的我來說，東京是個令人舒服的地方。

但東京也有冷清的時候。一群人拖著嘎啦作響的行李箱，目標明確地去往遠方。那是新年或黃金週時的景象。那種時候，東京的街頭會突然變得空曠。看到這樣的場景，我甚至會產生一種錯覺——這個城市是不是就此清空，人們再也不會回來了？

跟母親斷絕關係後，我沒有可以回去的地方。沒有等著我的鄉下，也沒有故鄉。我只有東京。而東京的人一離開，就像一片巨大的湖泊突然乾涸了一樣。看到這一幕，我心裡充斥著一種難以言說的寂寞。

我拋棄了被虐待的過去，拋棄了母親，也拋棄了繭居時期直勾勾盯著我的故鄉。當長假結束，人群再次回到東京，看到疲憊的上班族和滿載的電車，我微微鬆了口氣。

我一直在尋找母親的幻影。現在想來，它已經與我漸行漸遠。

父親與母親相遇後，我出生了。兩人都不夠成熟。母親決心把我當作她的分身，培養我的寫作才能。在命運的安排下，我成了一個專注社會問題的報導文學作家，遇到了孤獨死的人們，也認識了住在垃圾屋裡的人們。

一切都是因果。我雖被母親束縛，但也因為母親的認可和寵愛，感到無與倫比的喜悅。因為我曾認為我們兩人是一體的。

母親一直存在我的腦海中，直到跟她斬斷親緣後，我才得到自由。我希望某天母親也能明白逃脫名為「認可」的禁錮後，得到自由的暢快。

我一直想得到母親的愛，想從母親的愛中獲得自由，想從缺乏母愛的自卑中得到自由。如果能重來，我只想成為純真的自己。

有一個詞，叫「刺蝟困境」。兩隻刺蝟想靠近取暖，卻會被彼此的刺傷害，所以必須保持距離。我就是曾被母親狠狠地傷害過。

母親一定不會看到這本書，因為她一定也從那個時刻起拋棄了我。但若她看到了，我很清楚這會為母親帶來傷害。

儘管如此，我不得不寫這本書。我們兩人一直在互相傷害中活到現在。

年近七十的母親，今後大概也很難再去享受自己的人生。但她也不能再依靠我了。童年時期在我眼中那麼強大、那麼恐怖的母親，老去後也會變得如同身邊的一棵枯木。她很聰明地操縱著名為「愛」的糖果和鞭子。年紀愈大，她給我的糖果就愈多，激烈的苦戰隨之展開。

我人生中的苦難從未停息。所有苦於父母關係的子女，腳下的路一定都是遍布荊棘、令人痛苦不堪。

不只母親，別人無心的話語或社會上理所當然的論調，一定會在某個瞬間傷害我們。拋棄父母的選擇也是如此。無論怎樣的選擇都伴隨著痛苦。

但是，別人沒有權利為你的選擇負責。這是保證父母和孩子都不受傷害的最佳策略。如果這是最後的辦法，我願意和你站在同一邊。

我說過很多次，我不會親眼看到母親在我面前死亡，也不會為她掃墓，更不會回到那個家。我只願意考慮今後要如何度過自己的人生。我會想辦法為母親送葬，之後，我就要徹底拋棄母親。

然而，母親也不是什麼都沒留給我。即使我們不在一起，我依然有著母親留下的東西，那就是她遺傳給我的寫作天賦。

它與我的身心融為一體，不可分離，但也是悲劇的象徵。如果沒有它，童年時期的我無法活下來。如今我在夜裡對著電腦敲下的一個個文字，就是母親留給我的東西。

這是母親賜給我的武器。這本書很快就要寫完，我想用這武器，為這本書寫下結尾。得到母親饋贈的，一定不只我一個人。對我來說，母親的饋贈是寫作的能力，也許對別人來說，是別的什麼東西，他們把母親的饋贈當成十字架背在肩上。那麼，要怎樣面對這樣的自己呢？

拋棄母親後，我要拋棄寫作嗎？我想弄清楚這件事。我該如何利用母親給我的武器？應該拋棄一切嗎？有時候，我會這樣自問。

在過去的人生中，我一直在為了母親持續奔跑。作為令母親驕傲的女兒，也許我曾祈求在寫作中得到解放，有時甚至想乾脆放縱地就此停筆。但同時，我也在考慮是否能把寫作天分用於造福社會，也許提筆繼續寫作是我選擇的方式。

如果我的責任是向社會介紹孤獨死、自我忽視，以及拋棄父母的方法，那麼接下來我的寫作不是為了母親，不是為了獲得她的認可，而是為了幫助某個痛苦的人。我努力呈現的人生並不特別，只是一個平凡、隨處可見、充滿各種家庭紛爭的故事。

如果社會上不斷出現跟我一樣痛苦的人，真的可以嗎？我想對抗這樣的社會。今後，我將一直與它對抗下去。

現在，我正在籌備寫作沙龍。我想以近乎無償的方式，教一般人寫作。我收到很多建議，接下來會繼續努力。

如果你正處於茫然無措的階段，「表達」一定能成為你的武器。就算力量薄弱，我依然希望能教會別人如何表達，沒有什麼比這更快樂了。

我要把母親贈予我的武器，傳遞給和我一樣痛苦的人們。這是獻給母親的安魂曲，也是我必須做的事。

前路是光明的。不管站在多麼幽深的黑暗中，光都會照進來。當時呼吸微弱的我，跌跌撞撞地活到了現在。回首過去，那道光就是生命的證明，它與我形影不離，一直在我身邊。今後，它也一定會繼續為我照亮前路。

我希望母親賜予我的武器，也能成為別人的光，照亮他人腳下的路。我想跟痛苦的你一同走下去。

尾聲——

致我心中的少女

幾個月前，我發現月經沒有如期到來。我一天天在接近母親時常揮舞著菜刀的那個年紀。最近，我臉上的細紋愈來愈多，白髮也日漸明顯。不想要孩子的念頭，直到這個年紀也沒有改變。

因此，我不能過上凜子那樣的平凡人生。但到了真的無法生育的年紀，心頭湧上的失落感也是真實的。這種痛苦好像要把我撕裂一般。

因為在成長過程中被母親徹底禁止性愛，直到現在，我依然很難面對男人的性欲。一旦身邊的人出現想要做愛的念頭，我就會立刻感到噁心，想要轉身逃跑。

這種壓抑某方面來說，也造成了反作用。

想到異性，就算我心動不已，也會壓抑性欲，束縛自己。這種無處釋放的欲望在不斷燃燒。我把自己的性欲當作汙穢的東西，對它視而不見，覺得它不該出現在我身上。

我既想知道又不想知道，為什麼我如此難以面對「性」，又為什麼會感到痛苦？這種痛從何而來？為什麼我只能透過ＳＭ的方式來面對性？

幾年前，我開始採訪牛郎店。之前我只採訪過女客人，但並沒有真的進去過。難得有機會，我想在這本書的最後寫下我的體驗。因此，我親自去了一家牛郎店。話雖如此，對性強烈反抗的我，並不是想要和男性進行什麼深入的接觸。

我到女性風俗店，想做些什麼呢？經過一番自問，浮現在我心裡的，是像高中生情侶一樣的約會場景。約會地點不是高級餐廳，也不是能觀賞夜景的浪漫飯店。我想在公園裡划船，或去遊樂場。

這樣的約會模式連我自己都覺得好笑。我和朋友們說起這件事，他們都不屑地嘲笑我。但我心中的少女一直還停留在那個年代。因為我一直都想像凜子一樣，做個普通的女人。

我選了一個比我小一輪、身材修長的補習班老師。我們約好午後在車站碰面，然後到附近的公園散步。

可能是出於補習班老師的職業習慣，他總是在身邊有車經過時把我拉向他。於是我不客氣地挽住了他的手臂。我們曖昧得像一對戀人，沒有刺激的較量。我知道，他有顆穩重博愛的心。對我來說，這種感覺新鮮且舒適。

我能感受到他無條件的愛，同時，一股罪惡感也湧上了心頭。那是無法言說的困惑。

過去我很喜歡被人誇獎。只要被誇獎，我就會很安心，因為這代表我有存在的價值。童年時期文章在報紙上刊登的時候、作文得獎的時候、長大後獲得好工作的時候，我都在接受別人的表揚。但仔細想想，那些都是有條件的愛。

所以，我不習慣接受別人無條件的溫柔，很難若無其事地像個平凡女生一樣享受溫柔的寵愛。

我跟他一起在公園裡划船，又去了遊樂場。他從娃娃機裡抓到一隻小貓玩偶送我，還一起玩了賽車遊戲，真的就像高中生情侶一樣。我的身分在成人和少女之間徘徊。

後來，我們在街上悠悠散步。天色漸晚，原本明亮的街道慢慢變得昏暗。我有點害羞，跟他拉開了距離。但每次鬆開他的手，他都會把我的手拉回去。

「別走嘛。」

我感覺自己可以握住這隻手。我曾渴望母親的手，她卻總是鬆開手。但那時我確信，他不會鬆開我。於是我緊緊挽住他的手臂。我不想和他分開。這確實和我多年來一直渴求的東西不一樣。

我在心裡真誠地祈求，再給我一些無條件的愛吧，哪怕只是暫時的。

後來我們一起去了扭蛋店，又去喝了茶，然後在車站道別。那是一段非常平靜的時光。現在，我的桌子上擺著那隻小貓玩偶，我溫柔地對它笑了笑。不知為何，淚水止不住地往下掉。

我不能當母親的虐待不存在。我快要停經了。我知道，我已經不可能和凜子一樣過上普通的人生了。但是，我可以對自己好一點。

因為被他珍重對待過，我心裡好像有什麼東西產生了動搖。

對我心裡那個從沒被母親愛過的自卑少女，我不用再強迫自己抹殺她的存在。我可以不用當作什麼事都沒發生。我希望心中的少女能得到解放，獲得幸福。

後來，我又獨自去了跟他一起散步過的公園。新葉的氣味讓人通體舒暢。我的腳步十分輕快。那種被疼愛的感覺又回來了。我想起曾經手牽著手散步的時光。不知道我們能否再次見面，可能再也不會見面，也可能再和他去看不同的風景。

但我可以肯定，如果說戀愛是某種開始，這就是某種終結。我只是找到了一個會給予愛的人，為我提供一些愛的片段。它也算是一種比較早的臨終準備，我要在死前把缺失的部分一一補上。我這一生借助了很多人的力量，在不斷的試錯中進行心靈復健。

我必須時刻關注自己的復健進度。臨死前，我希望能讓一切傷害歸零。如此我就能真正從痛苦中解脫，找回一無所有、純白無瑕的自己。

不知不覺間，我已經過了母親在家揮舞菜刀的年紀。我一直很害怕有天我也會變成那樣，但如今，我手上握著的不是菜刀，而是他送給我的小貓玩偶。我愛著溫柔撫摸玩偶的自己，也為自己感到驕傲。

結語

「活到現在這個年紀真不容易。你努力過了。」我想這樣誇獎自己，也想誇獎正在讀這本書的你，摸摸你的頭。在日常生活中，我們很少因為活著而被人肯定，但是，我想自信地給你、我肯定。

童年時期，母親掌握我的生殺大權，老去後依然與我繼續糾纏著。無論變成怎樣的模樣，她都盤踞在我身上，像大蟒蛇絞殺獵物般折磨著我。我被這個自由變換形態的「魔王」玩弄於股掌之間，但我還活著。

我倖存下來了。我還活著。

這是奇蹟，已經非常值得肯定了。

拋棄母親後，我非常確定這一點。所以我想抱抱過去因為母親而痛苦的自己，也想抱抱還在漩渦中心的你。

被母親傷害得遍體鱗傷的我們，坐在一輛破破爛爛的車上，在黑暗中不斷地逃亡。我只是偶然偏離了道路，抱著決一死戰的心奮力一搏。然後，我拋棄了母親。

我不知道這是不是對的，我的心如今也在落淚。我總是想起母親，被不可言喻的愧疚所支配。但我一心一意想抵達的終點果然是光明的。拋棄母親後，我稍微輕鬆了一點。

已經走到人生後半段的我，還有一些重大的課題。

如何修復母親造成的傷口？拋棄母親後，我該怎麼度過自己的人生？這是被母親折磨的我最重要的課題。潛伏在身體中的毒素，如今正在侵蝕我的身體和靈魂。身負重傷的我們，身上那道不知何時才能癒合的傷口總是隱隱作痛。

我在這本書的尾聲非常唐突地寫了去女性風俗店消費的故事，因為我感覺這對徹底被壓抑的我來說，是重生的希望。

也許解毒的辦法還有很多，我打算賭上我的人生，去探索各種方法。然後，我想一點一點地把人生故事寫下來。我會用一切方法得到解放，找到幸福。

我們有得到幸福的權利。

我確信，這是我與母親的真正訣別。

如果拋棄母親後出現新的故事，我還會寫下續篇。我也非常期待能夠聽到你走出陰霾的消息。衷心期待未曾謀面的你，有天也能開朗地笑著對我講述你的故事。

筆者，二〇二四年一月

國家圖書館預行編目資料

抛棄母親/菅野久美子著. -- 初版. -- 臺北市 : 寶瓶文化事業股份有限公司, 2025.06
面； 公分. -- (Vision ; 276)
譯自 : 母を捨てる
ISBN 978-986-406-467-0(平裝)
1.CST: 家庭暴力 2.CST: 受虐兒童 3.CST: 通俗作品

544.18 114002332

Vision 276

拋棄母親

作者／菅野久美子

發行人／張寶琴
社長兼總編輯／朱亞君
副總編輯／張純玲
主編／丁慧瑋
編輯／林婕伃・李祉萱
美術主編／林慧雯
校對／林婕伃・陳佩伶・劉素芬
營銷部主任／林歆婕　業務專員／林裕翔
財務／莊玉萍
出版者／寶瓶文化事業股份有限公司
地址／台北市110信義區基隆路一段180號8樓
電話／(02)27494988 傳真／(02)27495072
郵政劃撥／19446403 寶瓶文化事業股份有限公司
印刷廠／世和印製企業有限公司
總經銷／大和書報圖書股份有限公司 電話／(02)89902588
地址／新北市新莊區五工五路2號　傳真／(02)22997900
E-mail／aquarius@udngroup.com

法律顧問／理律法律事務所陳長文律師、蔣大中律師
如有破損或裝訂錯誤，請寄回本公司更換
著作完成日期／二〇二三年
初版一刷日期／二〇二五年六月
初版二刷日期／二〇二五年六月四日
ISBN／978-986-406-467-0
定價／三六〇元
HAHA WO SUTERU BY Kumiko Kano

Published by Aquarius Publishing Co., Ltd.
Printed in Taiwan.

寶瓶文化・愛書人卡

感謝您熱心的為我們填寫，對您的意見，我們會認真的加以參考，
希望寶瓶文化推出的每一本書，都能得到您的肯定與永遠的支持。

系列：Vision 276　書名：拋棄母親

1. 姓名：____________________　性別：□男　□女

2. 生日：_____年_____月_____日

3. 教育程度：□大學以上　□大學　□專科　□高中、高職　□高中職以下

4. 職業：______________

5. 聯絡地址：____

聯絡電話：____________________________

6. E-mail信箱：____________________________

□同意　□不同意　免費獲得寶瓶文化叢書訊息

7. 購買日期：____ 年 ____ 月 ____日

8. 您得知本書的管道：□報紙／雜誌　□電視／電台　□親友介紹　□逛書店

□網路　□傳單／海報　□廣告　□瓶中書電子報　□其他

9. 您在哪裡買到本書：□書店，店名 ______________________　□劃撥

□現場活動　□贈書

□網路購書，網站名稱：________________　□其他________________

10. 對本書的建議：____

____

____

____

11.希望我們未來出版哪一類的書籍：

（請沿此虛線剪下）

亦可用線上表單。

讓文字與書寫的聲音大鳴大放

寶瓶文化事業股份有限公司

廣　告　回　函
北區郵政管理局登記 證北台字15345號
免貼郵票

寶瓶文化事業股份有限公司 收

110台北市信義區基隆路一段180號8樓

8F,180 KEELUNG RD.,SEC.1,

TAIPEI.(110)TAIWAN R.O.C.

（請沿虛線對折後寄回，或傳真至02-27495072。謝謝）